2018年主题出版重点出版物

改革开放
为什么成功？

谢春涛　主编

人民出版社

一、开创和发展中国特色社会主义

开创中国特色社会主义

把中国特色社会主义推向二十一世纪

在新的历史起点上坚持和发展中国特色社会主义

中国特色社会主义进入新时代

坚定不移走中国特色社会主义道路

方向决定道路，道路决定命运。开创和发展中国特色社会主义，是改革开放以来中国共产党领导人民取得的根本成就。正如习近平在庆祝中国共产党成立 95 周年大会上的讲话中所指出的，"中国特色社会主义，既是我们必须不断推进的伟大事业，又是我们开辟未来的根本保证"。

开创中国特色社会主义

中国改革开放是在社会主义事业遇到严重困难和挑战的情况下开始的。长时间的"左"的错误，特别是"文化大革命"的十年内乱，使党和国家元气大伤，经济、政治、社会处于混乱状况，人民生活十分困难；而与此同时，西方发达资本主义国家和一些发展中国家却抓住新技术革命兴起的机遇，大力发展社会生产力，表现出快速发展的势头，中国经济实力、科技实力与世界先进水平的差距明显拉大。邓小平清醒地认识到党和国家面临的困境和出路，一针见血地指出："如果现在再不实行改革，我们的现代化事业和社会主义事业就会被葬送。"

从 1978 年 12 月中共十一届三中全会，到 1987 年 10 月中共十三大，在近 10 年的时间内，以邓小平同志为核心的中共中央领导改革开放取得重要突破，成功开创了中国特色社会主义。

破除政社合一的农村人民公社体制。改革首先是从农村开始并取得突破的。安徽等省的农村改革，得到了邓小平等的支持。1980

年9月，中共中央印发各省、自治区、直辖市党委第一书记座谈会纪要，允许边远山区和贫困地区实行包产到户。1982年1月，中共中央"一号文件"进一步明确指出，包产到户、包干到户是社会主义集体经济的生产责任制。此后，家庭联产承包责任制在全国普遍推开。1983年，中共中央和国务院决定，实行政社分开，建立乡、镇政府，废除人民公社制度。

迈出对外开放的大步。1979年7月，中共中央和国务院根据广东、福建两省靠近港澳、华侨众多的有利条件，决定对两省的对外经济活动实行特殊政策和优惠措施。1980年5月，又决定在广东的深圳、珠海、汕头和福建的厦门设置经济特区。1984年一二月间，邓小平考察深圳、珠海、厦门3个经济特区，充分肯定了它们的建设成就和方向。回京后，他又找中央有关负责人，商讨办好经济特区和增加对外开放城市的问题。1984年5月，中共中央和国务院决定开放大连、秦皇岛、天津、烟台等14个沿海港口城市。1985年2月，又决定分两步开放长江三角洲、珠江三角洲、闽南厦漳泉三角地区和辽东半岛、胶东半岛。1987年8月，国务院向全国人大提出设立海南省和建立海南经济特区两个议案。1988年4月，七届全国人大一次会议正式作出决议。

初步形成以公有制为主体、多种所有制形式和多种经营方式并存的格局。1979年前后，全国1000多万知识青年回城，需要安排工作。城市中也有大批新的毕业生需要就业。在国家难以全部包下来的情况下，中共中央提出，广开门路，搞活经济，在国家统筹规划和指导下，实行劳动部门介绍就业、自愿组织起来就业和自谋职业相结合的方针来解决这个问题。此后，集体经济、个体经济得到了较快发展，逐步形成了以公有制为主体、多种所有制形式和多种经营方式并存，以按劳分配为主体、多种分配方式并存的格局。在发展个体经济和私营经济的过程中，党对允许非公有制经济存在和发展的重要性的认识也得到了深化。1984 年 10 月，中共十二届三中全会通过的《中共中央关于经济体制改革的决定》指出："我国现在的个体经济是和社会主义公有制相联系的……是社会主义经济必要的有益的补充，是从属于社会主义经济的。"1987 年 10 月，中共十三大报告不仅提出要继续鼓励发展集体经济和个体经济，还提出要继续鼓励发展私营经济，并认为私营经济是公有制经济必要的和有益的补充。

提出社会主义商品经济思想。1981 年 6 月，中共十一届六中全会通过的《关于建国以来党的若干历史问题的决议》指出：必须在公有制基础上实行计划经济，同时发挥市场调节的辅助作用。要大力发展社会主义的商品生产和商品交换。1984 年 10 月，中共十二届三中全会通过的《中共中央关于经济体制改革的决定》进一步提出："要突破把计划经济同商品经济对立起来的传统观念，明确认识社会主义计划经济必须自觉依据和运用价值规律，是在公有制基础上的有计划的商品经济。"1987 年 10 月，中共十三大报告针对在计划与市场结合的方式问题上存在的"板块式结合""渗透式结合""胶体式结合"等观点，明确提出："计划和市场的作用范围都是覆盖全社会的。新的经济运行机制，总体上来说应当是'国家调节市场，市场引导企业'的机制。"这就实际上提出了中国经济体制改革的目标是建立国家调控的市场经济。

阐述社会主义初级阶段理论。中共十一届三中全会后，中国共产党人对中国国情有了清醒深刻的认识。1981 年《关于建国以来党的若干历史问题的决议》和 1982 年中共十二大报告都提出了"社会主义初级阶段"的概念。1986 年 9 月，中共十二届六中全会通过的《中共中央关于社会主义精神文明建设指导方针的决议》再一次明确中国还处于社会主义的初级阶段，并指出了在生产关系方面的某些特征。在此基础上，中共十三大报告全面系统地提出了社会主义初级阶段的理论，阐明了社会主义初级阶段论断的含义、社会主义初级阶段的基本特征以及在这一历史阶段所应坚持的基本路线等问题。这就为实行改革开放、建设有中国特色的社会主义提供了理论依据。

形成建设有中国特色的社会主义理论的轮廓。1979年3月，邓小平强调，中国的现代化建设一定要从中国的国情出发。1982年，他又在中共十二大开幕词中指出："把马克思主义的普遍真理同我国的具体实际结合起来，走自己的道路，建设有中国特色的社会主义，这就是我们总结长期历史经验得出的基本结论。"1987年10月，在总结改革开放经验的基础上，中共十三大概括了十一届三中全会以来党关于"什么是社会主义，怎样建设社会主义"的探索所取得的理论成果，将其命名为"建设有中国特色的社会主义理论"。

把中国特色社会主义推向二十一世纪

1989年，正当党和人民按照中共十三大部署全面推进改革开放和社会主义现代化建设事业时，国内出现了一场严重的政治风波。6月，中共十三届四中全会召开，全会选举江泽民为中央委员会总书记。以江泽民同志为核心的中共中央在短时间内稳定了国内政治局势。1989年11月，中共十三届五中全会通过《中共中央关于进一步治理整顿和深化改革的决定》，使国民经济基本转入持续稳定协调发展的轨道。在此期间，改革开放也没有停顿，中共中央作出了开发开放上海浦东的决定。

在对外关系方面，面对西方大国制裁、苏东剧变的巨大压力，中共中央实行邓小平提出的"冷静观察、稳住阵脚、沉着应付、韬光养晦、善于守拙、决不当头、有所作为"的方针。重点发展同周边国家的睦邻友好关系，进一步发展与第三世界国家的友好合作。对于苏联各共和国和东欧其他国家，建立和发展正常的国家关系。采取利用矛盾、多做工作的办法，在比较短的时间内相继打破西方大国的制裁，恢复了正常的交往。

但是，在党和国家发展的紧要关头，一些人对改革开放提出了姓"社"还是姓"资"的疑问，对党的基本路线产生了动摇。这样一种认识，严重妨碍着改革的深化和对外开放的扩大。

1992 年初，邓小平视察南方，发表重要谈话，深刻回答了长期困扰和束缚人们思想的许多重大认识问题。邓小平强调，党的基本路线要管一百年，动摇不得。改革开放胆子要大一些，敢于试验。"判断的标准，应该主要看是否有利于发展社会主义社会的生产力，是否有利于增强社会主义国家的综合国力，是否有利于提高人民的生活水平。"计划多一点还是市场多一点，不是社会主义与资本主义的本质区别。社会主义的本质，是解放生产力，发展生产力，消灭剥削，消除两极分化，最终达到共同富裕。中国要警惕右，但主要是防止"左"。社会主义要赢得与资本主义相比较的优势，就必须大胆吸收和借鉴人类社会创造的一切文明成果。要抓住时机，发展自己，关键是发展经济。发展才是硬道理。

邓小平的谈话，受到中共中央的高度重视。1992 年 2 月 28 日，中共中央将谈话印发全党。3月上旬，中共中央政治局会议决定将谈话作为开好中共十四大的指针。6月9日，江泽民在中共中央党校发表讲话，明确指出："加快经济体制改革的根本任务，就是要尽快建立社会主义的新经济体制。"

1992年10月，中共十四大召开。大会作出3项具有深远意义的决策：一是确立邓小平同志建设有中国特色社会主义理论在全党的指导地位。二是明确"我国经济体制改革的目标是建立社会主义市场经济体制"。三是要求全党抓住机遇，加快发展，集中精力把经济建设搞上去。以邓小平南方谈话和中共十四大为标志，中国社会主义改革开放和现代化建设事业进入新的发展阶段。

中共十四大以后，经济体制改革以前所未有的广度和深度推进。1993年11月，中共十四届三中全会通过的《中共中央关于建立社会主义市场经济体制若干问题的决定》，构筑了社会主义市场经济体制的基本框架。但是，由于国有企业改革的重要内容是明晰产权和股份制改造，由于个体经济和私营经济在中共十四大后得到了迅速的发展，在姓"社"姓"资"的争论之后，又出现了姓"公"姓"私"的争论。在此情况下，1997年5月29日，江泽民在中共中央党校发表重要讲话，强调要高举邓小平同志建设有中国特色社会主义理论旗帜不动摇，坚持党关于社会主义初级阶段的基本理论和基本路线不动摇，要树立真正坚持马克思主义的立场观点方法来研究当代中国和世界实际问题的正确文风，摒弃单纯从马克思主义书本里的片言只语找答案的做法。他还指出，要努力寻找能够极大地促进生产力发展的公有制实现形式，一切反映社会主义生产规律的经营方式和组织形式都可以大胆利用。这一讲话，澄清了一些困惑人们思想的迷误。

1997年9月，中共十五大召开。大会首次使用"邓小平理论"

这个称谓，明确把这一理论当作指引党继续前进的旗帜。大会通过的党章修正案，把邓小平理论确定为党的指导思想。大会进一步阐述了社会主义初级阶段理论，确定了党在社会主义初级阶段的基本纲领。大会指出：公有制为主体、多种所有制经济共同发展，是我国社会主义初级阶段的基本经济制度。公有制实现形式可以而且应当多样化，非公有制经济是我国社会主义市场经济的重要组成部分。大会还确定了依法治国的基本方略，认为这是发展社会主义市场经济的客观需要，是社会文明进步的重要标志，是国家长治久安的重要保障。

在全面推进中国特色社会主义事业的同时，以江泽民同志为核心的中共中央以很大的精力关注和研究加强执政党建设的问题。2000年2月，江泽民在广东考察工作时，提出中国共产党要始终代表中国先进生产力的发展要求、中国先进文化的前进方向、中国最广大人民的根本利益。2001年7月，在庆祝中国共产党成立80周年大会上的讲话中，江泽民又进一步作了全面阐述。"三个代表"重要思想在把握世界发展大势和中国社会深刻变化的基础上，在总结国际共产主义运动和中国共产党历史经验的基础上，进一步回答了"什么是社会主义、怎样建设社会主义"的问题，创造性地回答了"建设什么样的党、怎样建设党"的问题，丰富和发展了马克思主义。2002年11月，中共十六大把"三个代表"重要思想确定为党的指导思想，作出全面建设小康社会等一系列战略部署。

在新的历史起点上坚持和发展中国特色社会主义

科学发展观，是以胡锦涛同志为总书记的中共中央提出的关于发展的理论，对发展问题的总体看法和根本观点。这一理论，是针对进入 21 世纪后面临的新问题提出的。2003 年发生的"非典"疫情，明显暴露了社会事业发展滞后等问题。提出科学发展观，目的就是用新的发展思路，解决这些问题。科学发展观提出以来，特别是中共十七大将其写入党章、中共十八大将其确定为党的指导思想后，对中国各方面的发展发挥着重要的指导作用。

提出科学发展观后不久，以胡锦涛同志为总书记的中共中央又提出了构建社会主义和谐社会的战略思想。2006 年 10 月，中共十六届六中全会通过的《中共中央关于构建社会主义和谐社会若干重大问题的决定》指出，要在改革和发展的过程中，把构建社会主义和谐社会摆在更加突出的位置，最大限度地增加和谐因素，最大限度地减少不和谐因素，不断促进社会和谐。要坚持以科学发展观统领经济社会发展全局，按照民主法治、公平正义、诚信友爱、充满活力、安定有序、人与自然和谐相处的总要求，以解决人民群众最关心、最直接、最现实的利益问题为重点，着力发展社会事业、促进社会公平正义、建设和谐文化、完善社会管理、增强社会创造活力，走共同富裕道路，推动社会建设与经济建设、政治建设、文化建设协调发展。近年来，根据这一战略思想，各级党委和政府以改善民生为重点推进社会建设，取得了明显成效。

解决好农业、农村、农民问题，是全面建设小康社会的必然要求。为了实现城乡统筹发展，2005 年 10 月，中共十六届五中全会提出了建设社会主义新农村的任务。其总体要求是使农村"生产发展、生活宽裕、乡风文明、村容整洁、管理民主"。根据这一要求，按照"多予少取放活"的方针，党和政府通过免除农民在农业生产方面的税费负担、给予农民必要的生产性补贴、增加农村教育、卫生等项事业的经费投入、加强农村基础设施建设和保障进城务工农民的合法权益等措施，促进了农业的发展、农民的增收和农村面貌的改变。

以胡锦涛同志为总书记的中共中央认识到了当今世界科技发展的趋势和中国科技的发展现状，提出了提高创新能力、建立创新型国家的战略思想。指出，要加快建设国家创新体系，使技术创新体系、知识创新体系、国防科技创新体系、区域创新体系、科技中介服务体系协调统一。按照这些要求，国家加大了对科技和教育事业的投入，加强了人才培养和管理服务工作，加强了对知识产权的保护力度，使建立创新型国家的思想得到了多方面的体现和落实。

进入 21 世纪后，中国的迅速发展引起了国际社会的广泛关注，出现了"中国威胁论"等不和谐声音。为了消除国际社会的疑虑，营造有利于中国长期和平发展的国际环境，以胡锦涛同志为总书记的中共中央还提出了"始终不渝走和平发展道路"的重大战略思想。向全世界郑重宣示，在经济全球化迅猛发展的时代条件下，中国不会也不需要通过挑战现存的国际秩序，更不会也不需要采用争霸的方式来实现自己的战略目标。当今和平与发展的时代特点也决定了中国的抉择只能是走和平发展的道路。为此，致力于建设一个持久和平、共同繁荣的和谐世界是中国坚定不移的战略选择。中国党和政府的主张，得到了越来越多国际社会成员的理解和赞成。

中国特色社会主义事业是全新的事业。党要站在时代前列带领人民不断开创事业发展新局面，必须以改革创新精神加强自身建设，始终成为中国特色社会主义事业的坚强领导核心。以胡锦涛同志为总书记的中共中央适应这一要求，提出了加强党的执政能力建设和先进性、纯洁性建设的战略思想。2005 年 1 月，胡锦涛在新时期保持共产党员先进性专题报告会上的重要讲话中，第一次提出了党的先进性建设的命题，并对加强党的先进性建设的一系列问题进行了阐述。中共十六届四中全会专门作出《中共中央关于加强党的执政能力建设的决定》，提出了科学执政、民主执政、依法执政的要求。2012 年 1 月，胡锦涛又在十七届中共中央纪委第七次全会上提出了加强党的纯洁性建设的思想。

中国特色社会主义进入新时代

中共十八大以来，以习近平同志为核心的中共中央围绕改革发展稳定、内政外交国防、治党治国治军等，提出许多新理念新思想新战略，回答和解决党和国家事业发展的重大问题，推动中国特色社会主义进入新时代。

全面建成小康社会。习近平指出，小康是 13 亿多人的小康，决不能落下一个贫困地区、一个贫困群众。他要求确保到 2020 年我国现行标准下农村贫困人口实现脱贫，贫困县全部摘帽，解决区域性整体贫困。他认为，"全面"包含经济、政治、文化、社会、生态各方面，不仅仅是个经济问题。要始终以经济建设为中心，这是全面建成小康社会的基础和前提。要稳步推进社会主义民主政治建设，使人民享受到越来越多的民主权利。要抓好社会主义精神文明建设，"人民有信仰，民族有希望，国家有力量"。社会政策要托底，要解决好民生问题。要重视生态文明建设，"绿水青山就是金山银山"。他分析了经济发展新常态出现的原因和特征，要求着力实现有质量、有效益、没水分、可持续的增长，坚持以提高经济发展质量和效益为中心，把转方式调结构放到更加重要位置。针对经济发展中存在的问题，他还提出，要着力加强供给侧结构性改革，提高供给体系质量和效率，进而满足升级需求、挖掘潜在需求、创造全新需求。在制定"十三五"规划时，他还提出了创新、协调、绿色、开放、共享的发展理念。

全面深化改革。习近平十分强调改革。他作过解释，改革是由问题倒逼而产生，又在不断解决问题中而深化。他指出，全面深化改革必须坚持正确的方法论。胆子要大、步子要稳。要加强顶层设计和整体谋划。要摸着石头过河，在实践中不断探索。改革为了人民，改革也必须依靠人民。而要想得到人民支持，就必须体现公平正义，让人民有更多获得感。他强调："全面深化改革必须以促进社会公平正义、增进人民福祉为出发点和落脚点。""要把促进社会公平正义、增进人民福祉作为一面镜子，审视我们各方面体制机制和政策规定，哪里有不符合促进社会公平正义的问题，哪里就需要改革；哪个领域哪个环节问题突出，哪个领域哪个环节就是改革的重点。"

全面依法治国。习近平认为，这些年来，群众对司法不公的意见比较集中，司法公信力不足很大程度上与司法体制和工作机制不合理有关。因此，中共十八届三中全会把司法改革作为重点之一，提出了一系列新举措。中共十八届四中全会提出了建设中国特色社会主义法治体系，建设社会主义法治国家这个总目标，要求形成完备的法律规范体系、高效的法治实施体系、严密的法治监督体系、有力的法治保障体系，形成完善的党内法规体系，坚持依法治国、依法执政、依法行政共同推进，坚持法治国家、法治政府、法治社会一体建设，实现科学立法、严格执法、公正司法、全民守法。中共十八届四中全会确定了全面推进依法治国的一系列举措，包括健全宪法实施和监督制度、完善立法体制、健全依法决策机制、深化行政执法体制改革、强化对行政权力的制约和监督、完善确保依法独立公正行使审判权和检察权的制度、优化司法职权配置、推进以审判为中心的诉讼制度改革、加强人权司法保障、加强对司法活动的监督等。习近平还提出了一些新的理念。比如，要依法设定权力、规范权力、制约权力、监督权力；努力让人民群众在每一个司法案件中都能感受到公平正义；要处理好维稳和维权的关系，要把群众合理合法的利益诉求解决好。

全面从严治党。习近平一再强调，打铁还需自身硬。党要管党丝毫不能松懈，从严治党一刻不能放松。他把坚定理想信念，坚守共产党人精神追求，看作全面从严治党的首要任务和共产党人安身立命的根本。他要求党员领导干部坚定对马克思主义的信仰，坚持共产主义远大理想，坚定中国特色社会主义信念，坚持全心全意为人民服务宗旨。他提出了好干部的 5 条标准，"信念坚定、为民服务、勤政务实、敢于担当、清正廉洁"。针对干部选拔中存在的问题，他强调，要形成科学有效的选人用人机制，坚决制止简单以票取人的做法。他强调，要以"踏石留印、抓铁有痕"的劲头抓党风，让人民群众不断看到实实在在的成效和变化。在反腐败方面，他强调，要坚持"老虎""苍蝇"一起打，坚持党纪国法面前没有例外，不管涉及到谁，都要一查到底，决不姑息。他还指出，要把权力关进制度的笼子里，形成不敢腐的惩戒机制、不能腐的防范机制、不易腐的保障机制。他还指出，思想建党和制度治党相结合，要坚持用制度管权管事管人。

中共十九大报告总结了过去 5 年的工作和历史性变革，从 10 个方面概括了改革开放和社会主义现代化建设的历史性成就。十九大报告指出："经过长期努力，中国特色社会主义进入了新时代，这是我国发展新的历史方位。""中国特色社会主义进入新时代，我国社会主要矛盾已经转化为人民日益增长的美好生活需要和不平衡不充分的发展之间的矛盾。"这是非常重要的政治判断。之所以改变过去对中国社会主要矛盾的判断，是因为认识到中国社会生产力有了巨大发展，很多产品的生产能力进入世界前列，国内生产总值居于世界第二位，生活用品短缺状况已根本改变。人民不仅对物质文化生活提出了更高要求，而且在民主、法治、公平、正义、安全、环境等方面的要求日益增长。但中国还存在着发展不平衡不充分的问题，难以完全满足人民日益增长的美好生活需要。因此，必须大力提升发展质量和效益，更好满足人民在经济、政治、文化、社会、生态等方面日益增长的需要，更好推动人的全面发展、社会全面进步。

中共十九大报告对习近平新时代中国特色社会主义思想进行正式概括，指出这一思想是对新时代坚持和发展什么样的中国特色社会主义、怎样坚持和发展中国特色社会主义这个重大时代课题的系统回答，包括新时代坚持和发展中国特色社会主义的总目标、总任务、总体布局、战略布局和发展方向、发展方式、发展动力、战略步骤、外部条件、政治保证等基本问题。内容涵盖经济、政治、法治、科技、文化、教育、民生、民族、宗教、社会、生态文明、国家安全、国防和军队、"一国两制"和祖国统一、统一战线、外交、党的建设等各方面。对于习近平新时代中国特色社会主义思想的丰富内涵，十九大报告概括为"八个明确"和"十四个坚持"。"八个明确"是思想理论层面的，"十四个坚持"是行动纲领，被称为"新时代坚持和发展中国特色社会主义的基本方略"。

中共十九大还作出新的发展战略安排。从十九大到二十大，是"两个一百年"奋斗目标的历史交汇期。我们既要全面建成小康社会、实现第一个百年奋斗目标，又要乘势而上开启全面建设社会主义现代化国家新征程，向第二个百年奋斗目标进军。十九大报告提出，从2020年到本世纪中叶可以分两个阶段来安排。第一个阶段，从2020

年到 2035 年，在全面建成小康社会的基础上，再奋斗 15 年，基本实现社会主义现代化。第二个阶段，从 2035 年到本世纪中叶，在基本实现现代化的基础上，再奋斗 15 年，把中国建成富强民主文明和谐美丽的社会主义现代化强国。

中共十九大还对社会主义经济建设、政治建设、文化建设、社会建设、生态文明建设进行部署。大会强调，要贯彻新发展理念，建设现代化经济体系；要健全人民当家作主制度体系，发展社会主义民主政治；要坚定文化自信，推动社会主义文化繁荣兴盛；要提高保障和改善民生水平，加强和创新社会治理；要加快生态文明体制改革，建设美丽中国。中共十九大还提出了新时代党的建设总要求。

坚定不移走中国特色社会主义道路

中国特色社会主义道路的正确性，已为中国的发展实践所充分证明。西方发达国家和广大发展中国家发展的经验教训，也从不同方面反衬和佐证了中国道路的成功所在。

中国特色社会主义道路体现社会发展规律，适合中国国情，反映人民愿望要求。中国共产党人走出的实现国家现代化的成功之路，丰富了社会主义建设和人类社会发展的实践，为世界社会主义和众多发展中国家提供了重要借鉴。

中国共产党领导。这是中国特色社会主义最本质的特征，也是中国特色社会主义道路成功的根本保证。中国实行中国共产党领导的多党合作和政治协商制度。中国共产党是执政党，其他党派是参政党。各党派为了国家发展、人民福祉共同协商。中国共产党总揽全局、协调各方，即重大决策由各级党委集体作出，然后人大、政府、政协等有关各方实施。这一政党制度和领导体制，具有明显优势，能够有效避免政治上的无序和内耗，保持政治稳定性和政策连续性，还有决策的高效性和很强的执行力。中国能够制定和执行一个个五年发展规划，作出和实施一系列重大改革决策，集中全国的力量办大事，都源于中国特色的政党制度。

立足基本国情。中国最大的国情是长期处于社会主义初级阶段。这是中国特色社会主义的前提和基础。中国共产党人认识到，马克思设想的社会主义是建立在发达的资本主义基础上的，所以纯而又纯。而中国的社会主义是建立在半殖民地半封建基础上的，无法实行那样的社会主义。在社会主义初级阶段，党和人民的主要任务是发展社会生产力，为此，就要建立社会主义市场经济体制，允许非公有制经济发展，允许按劳分配和按生产要素分配并存，允许农业以家庭为单位经营，还要学习借鉴资本主义国家发展生产力的先进经验。中国共产党人能够开创中国特色社会主义道路，与正确把握中国国情密不可分。

以经济建设为中心。改革开放以来，中国共产党人总结历史的经验教训，始终以经济建设为中心，通过发展经济满足人民不断增长的物质文化需求，逐步实现共同富裕。这就抓住了社会主义的本质，认清了执政党的使命。中国人民拥护和支持中国共产党，这是很重要的原因。而一些原社会主义国家的执政党被人民所抛弃，跟经济建设、人民生活长期搞不上去有很大的关系。

坚持四项基本原则。中国共产党人把坚持社会主义道路、坚持人民民主专政、坚持中国共产党的领导、坚持马列主义毛泽东思想作为立国之本。中国特色社会主义坚持了马克思主义科学社会主义的基本原则，包括马克思主义的世界观和方法论，共同富裕、人人平等、每个人自由全面发展的价值观，始终为绝大多数人民谋利益的根本政治立场，坚持了中国共产党的领导和人民当家作主的社会主义根本政治制度和基本政治制度，坚持了公有制的主体地位和按劳分配的基本原则，坚持了马克思主义在意识形态领域的指导地位。这是全党全军全国各族人民团结前进的共同政治基础，进行社会主义现代化建设的基本前提和根本保证。

坚持改革开放。中国共产党人坚持体制改革，不断解放和发展社会生产力。农村家庭联产承包责任制的推行，解决了中国人的温饱问题。社会主义市场经济体制的建立，带来了经济发展的活力和动力。社会主义初级阶段的基本经济制度的确立，使非公有制经济成分得到快速发展，在经济发展、政府税收、劳动力就业等方面发挥了巨大作用。而对外开放则带来了外国的资金、技术、先进设备、先进管理理念，带来了人类文明共同成果，带来了外国的资源能源，带来了巨大的国际市场份额。中国主动加入全球化竞争，发挥了劳动力价格低廉、市场广大等比较优势，还发挥了后发优势，在高铁、核电等领域赢得了世界领先地位。

经济建设、政治建设、文化建设、社会建设、生态文明建设"五位一体"的总体布局和建立富强民主文明和谐美丽的社会主义现代化强国的奋斗目标。这反映了中国共产党人对共产党执政规律、社会主义建设规律和人类社会发展规律认识的深化，说明中国特色社会主义追求的发展是全面发展，要满足人民群众多方面的需求。

中国共产党人不仅坚持了科学社会主义的基本原则，更重要的是发展了科学社会主义。这一发展，既包括马克思主义科学社会主义基本原理与中国具体实际的成功结合，也有在此基础上中国共产党人的伟大创造，还有把握时代特征对资本主义国家创造的人类文明成果的广泛吸纳。

习近平在 2013 年 6 月 25 日主持中共中央政治局第七次集体学习时指出，无论搞革命、搞建设、搞改革，道路问题都是最根本的问题。30 多年来，我们能够创造出人类历史上前无古人的发展成就，走出了正确道路是根本原因。中国特色社会主义这条道路来之不易，它是在改革开放 30 多年的伟大实践中走出来的，是在中华人民共和国成立 60 多年的持续探索中走出来的，是在对近代以来 170 多年中华民族发展历程的深刻总结中走出来的，是在对中华民族 5000 多年悠久文明的传承中走出来的，具有深厚的历史渊源和广泛的现实基础。现在，最关键的是坚定不移走这条道路、与时俱进拓展这条道路，推动中国特色社会主义道路越走越宽广。

二、始终以经济建设为中心

实现工作重点转移

靠改革推动经济发展

建立和完善社会主义市场经济体制

推动经济高质量发展

改革开放以来，中国始终坚持发展才是硬道理，坚持以经济建设为中心，建立健全社会主义市场经济体制，推动经济发展取得辉煌成就。就国内生产总值而言，中国国内生产总值由1978 年的 3679 亿元跃升至 2017 年的 82.7 万亿元。中国经济总量自2010 年以来一直稳居世界第二。在人均可支配收入方面，2017 年，全国居民人均可支配收入 25974 元，在世界上属于中高等收入。2012年以来，中国经济对世界经济发展的贡献越来越大，有的年份已超过 30%。美国前国务卿基辛格说中国取得的成就，难以想象，超越想象。

实现工作重点转移

"文化大革命"结束后，针对过去因坚持阶级斗争为纲，导致经济社会发展缓慢，百姓普遍陷入贫困的状况，复出后的邓小平率先提出工作重点转移的大问题。

1978 年 9 月，邓小平到中国东北视察，大力呼吁东北各地干部解放思想，要把心思用到生产方面上。他说，中国的老百姓太苦了，说实话，我们对不起老百姓。他提出了把全党和国家的工作重点转移到经济建设上来的问题。这一提议得到中央政治局其他常委的认可，因此党的十一届三中全会前的中央工作会议举行时，中共中央把工作重点转移问题作为会议的中心议题。与会的 200 多名高级干部就此问题取得高度一致。这才有了中共十一届三中全会的决断。

1978年12月，中共十一届三中全会果断停止使用"以阶级斗争为纲"的口号，实现了党和国家工作重心的战略转移，这是政治路线上的拨乱反正。中共十一届三中全会后，以邓小平同志为核心的中央领导集体反复强调集中力量开展经济建设和改革开放的重要性。1979年9月，中共十一届四中全会通过的叶剑英代表全党在庆祝中华人民共和国成立30周年大会上的讲话提出："现在我们的任务，就是团结全国各族人民，调动一切积极因素，同心同德，鼓足干劲，力争上游，多快好省地建设现代化的社会主义强国。"这既是对新时期党的路线的一次重要表述，也是对经济建设这个中心的一次强调。

1980年初，邓小平在中共中央召集的干部会议上讲话时强调："现代化建设的任务是多方面的，各个方面需要综合平衡，不能单打一。但是说到最后，还是要把经济建设当作中心。离开了经济建设这个中心，就有丧失物质基础的危险。其他一切任务都要服从这个中心，围绕这个中心，决不能干扰它，冲击它。"在探索拟定党在社会主义初级阶段的基本路线过程中，进一步强调以经济建设为中心。1982年，中共十二大报告明确提出："中国共产党在新的历史时期的总任务是：团结全国各族人民，自力更生，艰苦奋斗，逐步实现工业、农业、国防和科学技术现代化，把我国建设成为高度文明、高度民主的社会主义国家。"1986年召开的中共十二届六中全会又提出：中国社会主义建设的总体布局是以经济建设为中心，坚定不移地进行经济体制改革，坚定不移地进行政治体制改革，坚定不移地加强精神文明建设，并且使这几个方面互相配合、互相促进。1987年1月，中共中央发出的《关于当前反对资产阶级自由化若干问题的通知》明确概括了中共在十一届三中全会以来路线的两个基本点：一个是坚持四项基本原则；另一个是坚持改革、开放、搞活的方针。这是首次概括"两个基本点"。1987年7月，邓小平在会见外宾时明确指出："搞社会主义现代化建设是基本路线。要搞现代化建设使中国兴旺发达起来，第一，必须实行改革开放政策；第二，必须坚持四项基本原则，主要是坚持党的领导，坚持社会主义道路，反对资产阶级自由化，反对走资本主义道路。这两个基本点是相互依存的。"这些都为社会主义初级阶段基本路线的最终形成和完整表述作了准备。

1987年召开的中共十三大根据社会主义初级阶段理论，明确概括和全面阐发了党在社会主义初级阶段的基本路线。十三大报告明确提出，在社会主义初级阶段，我们党的建设有中国特色的社会主义的基本路线是：领导和团结全国各族人民，以经济建设为中心，坚持四项基本原则，坚持改革开放，自力更生，艰苦创业，为把我国建设成为富强、民主、文明的社会主义现代化国家而奋斗。这一基本路线的核心内容，被简称为"一个中心，两个基本点"，即以经济建设为中心，坚持四项基本原则，坚持改革开放。

"一个中心"与"两个基本点"之间辩证统一，相互支撑，构成了社会主义的本质要求和根本保证。以经济建设为中心，大力发展社会生产力，这是社会主义的根本任务，也是发挥社会主义制度优越性的根本要求。社会主义从一个阶段到另一个阶段的推进，以至共产主义的实现，都离不开生产力的发展。中国共产党领导人民进行革命的主要目的，就是要在推翻反动阶级统治的基础上解放生产力。在剥削阶级已经消灭，劳动人民已经当家作主，我国已进入社会主义建设时期的情况下，发展生产力就更应成为直接的中心任务。只有这样，才能充分发挥社会主义的优越性和不断增强社会主义的吸引力。不仅如此，由于中国社会主义制度不是建立在发达的资本主义社会基础上，而是脱胎于半殖民地半封建社会，底子薄、基础差，新中国成立以来在生产力发展方面尽管取得了很大成就，但与发达国家相比仍然十分落后。因此，"在初级阶段，为了摆脱贫穷和落后，尤其要把发展生产力作为全部工作的中心。是否有利于发展生产力，应当成为我们考虑一切问题的出发点和检验一切工作的根本标准"。中国共产党在社会主义初级阶段的基本路线是兴国、立国、强国的重大法宝，是党和国家的生命线、人民群众的幸福线。这一基本路线的形成，实质上确定了建设中国特色社会主义的总纲。全面贯彻执行这条基本路线，是新时期各项工作取得胜利的根本保证。

此后，中共中央一直强调以经济建设为中心，不能用其他事情来冲击这个中心，除非发生大规模战争，即使打完仗也要回来搞建设。面对20世纪80年代末90年代初关于计划还是市场的大争论，针对有的人提出要有两个中心，一个是阶级斗争，另一个是经济建设，邓小平特别强调十一届三中全会以来的路线方针政策不能变，十三大报告一个字也不能动。强调基本路线要管一百年，动摇不得。这实际上是在提醒人们不要重蹈历史覆辙，警醒人们历史上就犯过类似的错误，不要再犯。此后，不论遇到洪水袭来、还是遇到金融危机，不论遭遇重大疫情灾害、还是遇到特大地震等自然灾害，中共领导人都强调以经济建设为中心，只有一个中心，强调发展是硬道理，强调发展是执政兴国的第一要务。2011年胡锦涛在庆祝中国共产党成立90周年大会上强调："我们要继续牢牢扭住经济建设这个中心不动摇，坚定不移走科学发展道路。以经济建设为中心是兴国之要，是我们党、我们国家兴旺发达、长治久安的根本要求。只有推动经济又好又快发展，才能筑牢国家发展繁荣的强大物质基础，才能筑牢全国各族人民幸福安康的强大物质基础，才能筑牢中华民族伟大复兴的强大物质基础。"

中共十八大以来，习近平牢牢扭住经济建设这个"牛鼻子"，不断推动中国经济社会全面发展。他在庆祝中国共产党成立 95 周年大会上的讲话中指出："党的基本路线是国家的生命线、人民的幸福线，我们要坚持把以经济建设为中心作为兴国之要、把四项基本原则作为立国之本、把改革开放作为强国之路，不能有丝毫动摇。"正因 40 年来，中国牢牢坚持经济建设这个中心不动摇，展现出罕见政治定力，经济发展才取得巨大成就。

靠改革推动经济发展

实现经济社会发展，必须通过改革打破既有体制机制束缚，解放和发展生产力。20 世纪 80 年代，农村改革率先取得突破，城市改革随后也迈出关键步伐，为中国发展注入强大动力。

中国改革的惊雷在安徽省凤阳县小岗村较早响起。2016 年 4 月 25 日，习近平在安徽省滁州市凤阳县小岗村视察期间感慨道："当年贴着身家性命干的事，变成中国改革的一声惊雷，成为中国改革的标志。"习近平之所以这样说，要从小岗村这个淮河岸边的普通小村庄说起。小岗村在 1978 年以前只有 20 户人家 115 口人，是当地著名的"吃粮靠返销，用钱靠救济，生产靠贷款"的"三靠村"。当时村里农民住的基本都是茅草房，每年秋收后家家户户都会拖儿带女地外出讨饭。

1978 年，小岗村大旱。为了填饱肚子，这年 11 月 24 日，时任小岗生产队队长严俊昌和副队长严宏昌、会计严立学召集全队在家的 18 户户主聚集在严家的破草屋内，围坐煤油灯前，秘密商讨分田单干。在一张皱巴巴的字据上，18 位农民按下了充满悲壮意味的鲜红手印。这份"生死契约"内容非常简单："我们分田到户，每户户主签字盖章。如此后能干，每户保证完成全年上缴的公粮，不再向国家伸手要钱要粮。如不成，我们干部坐牢杀头也甘心，大家社员也保证把我们的孩子养活到 18 岁。"由于当时气氛紧张，这份具有历史意义的"生死契约"写得歪歪扭扭，而且还有错别字。

18 位农民没有想到，他们被饥饿逼迫而成的这份"生死契约"竟无意间成了中国农村改革的第一份宣言。1979 年 9 月，中共十一届四中全会通过《中共中央关于加快农业发展若干问题的决定》，开始敞开农村体制改革的大门。不久，中国农村改革的大幕在全国拉开，小岗村自此成为中国农村改革第一村。1980 年 5 月，邓小平对包产到户给予明确肯定，有力地推动了以家庭联产承包责任制为主要内容的农村改革。1980 年 9 月，中共中央下发《关于进一步加强和完善农业生产责任制的几个问题》，肯定在生产队领导下实行的包产到户，不会脱离社会主义轨道。从 1982 年到 1984 年，中共中央连续 3 年以"一号文件"的形式，对包产到户和包干到户的生产责任制给予充分肯定，并在政策上积极引导，从而使包产到户和包干到户的责任制迅速在全国广泛推行。1983 年，中共中央和国务院决定，实行政社分开，建立乡镇政府，废除人民公社制度。实践证明，家庭联产承包责任制的实行，使中国广大农民获得了充分的经营自主权，极大地调动了农民的积极性，解放和发展了农村生产力。

城市的经济体制改革，远比农村改革复杂。1979 年 4 月，中共中央工作会议对中国经济体制改革的方向、步骤作了原则规定。会议确定，鉴于在最近几年内，国民经济将以调整为中心，城市改革只能在局部领域进行，认真调查研究，搞好试点。改革要侧重于扩大企业自主权，增强企业活力，实行严格的经济核算，认真执行按劳分配原则，把企业经营好坏同职工物质利益挂钩。要划分中央和地方的管理权限，在中央统一领导下，调动地方管理经济的积极性。要精简行政机构，更好地运用经济手段来管理经济。要在整个国民经济中，以计划经济为主，同时充分重视市场调节的作用。在这次会议精神指导下，以扩大企业自主权为主要内容的城市经济体制改革逐步开展起来。

1979 年 5 月，国家经委等六部门选择首都钢铁公司、天津自行车厂、上海柴油机厂等 8 家企业进行扩大企业自主权改革试点。同年 7 月，国务院印发《关于扩大国营工业企业经营管理自主权的若干规定》《关于国营企业实行利润留成的规定》《关于开征国营工业企业固定资产税的暂行规定》《关于提高国营工业企业固定资产折旧率和改进折旧费使用办法的暂行规定》《关于国营工业企业实行流动资金全额信贷的暂行规定》5 个文件，用以指导改革，并要求地方和部门再选择一些企业进行试点。1979 年底，全国试点企业扩大到 4200 个，1980 年 6 月发展到 6600 个，约占全国预算内企业的 16%，产值和利润分别占 60% 和 70% 左右。

扩大企业自主权改革在传统的计划经济体制上打开一个缺口，使企业有了部分的自主计划权、产品销售权和资金使用权，以及部分的干部任免权等。改革的结果，初步改变了企业只按照国家指令性计划生产，不了解市场需要，不关心产品销路，不关心盈利亏损的情况，增强了企业的经营和市场意识。

陈生志是首钢的退休职工，他回忆 1981 年首钢实行了"利润包干"，即在保证完成当年 2.7 亿元利润上缴的前提下，超额的利润由首钢按一定比例自主分配使用。当年，首钢的利润达到了 3.1649 亿元。1979 年 6 月 25 日，《人民日报》刊出了一则不到 50 字的广告，宁江机床厂，这个位于四川省的机床厂通过广告的形式向全社会发出"我们这里有机床卖"的消息。迅速使该厂积压的机床成为畅销产品，变产销脱节为双方满意。

这一时期，所有制结构的局部改革也开始进行。之前在"左"的指导思想影响下，片面追求"一大二公"，使所有制形式越来越单一。这种情况，给经济建设、劳动就业和人民生活带来很多困难。特别是上千万知识青年陆续返城后，国营企业和集体企业不可能全部安置，他们面临突出的就业问题。从 1979 年起，中共中央、国务院果断采取支持城镇集体经济和个体经济发展的方针，允许多种经济形式同时并存。1980 年 8 月召开了全国劳动就业工作会议，会后印发了《进一步做好城镇劳动就业工作》的会议文件，明确提出解决城镇就业问题，必须实行劳动部门介绍就业、自愿组织起来就业和自谋职业相结合的方针。

著名的北京大碗茶青年茶社就是在这样的大背景下出现的。

1979 年 5 月，北京大栅栏街道办事处供销组组长尹盛喜接到任务，要解决 20 多名返城知青和待业青年的就业问题。这个任务可愁坏了尹盛喜，因为街道办根本接纳不了这么多需要就业的人。因为长期在前门街道办工作，尹盛喜对前门地区的地形非常熟悉。俗话说急中生智，情急无奈之下的尹盛喜想到人来人往的前门箭楼前，游客众多，但是似乎缺少一个能让人歇脚闲聊的茶水摊。卖大碗茶的想法就此在尹盛喜的头脑中产生了。说干便干，尹盛喜组织了 20 多个待业青年和返城知青，用了一整夜的工夫搭起了一个简易凉棚，取名为"青年茶社"，专卖两分钱一碗的大碗茶。茶社开张当天，就赚了 60 多块钱，这在当时算是一笔不小的收入了，但是即便如此，在那个改革开放刚刚起步的年代，经营个体经济仍然被视作是一件不光彩的事。到了 1979 年末，经过半年多艰难的争取和申请之后，尹盛喜终于办下了一张"三张名片合起来大小的营业执照"，还是临时的，规定经营范围只限于茶水，就这样，尹盛喜专心做起了大碗茶的生意。这在当年是对国营经济一统天下的重大突破。此后，集体经济、个体经济得到迅速发展，逐步形成了以公有制为主体、多种所有制经济形式和多种经营方式并存，以按劳分配为主体、多种分配方式并存的格局。党对非公有制经济的认识也得到了深化。

在改革开放的生动实践中，中国共产党对社会主义建设该如何进行有了深刻认识。1982 年 9 月 1 日，中共十二大在北京隆重开幕。邓小平在开幕词中明确提出了"建设有中国特色的社会主义"的重大命题。此后，1984 年 10 月召开的中共十二届三中全会通过了《中共中央关于经济体制改革的决定》（以下简称《决定》），总结新中国成立以来特别是中共十一届三中全会以来经济体制改革的经验，初步提出和阐明了经济体制改革的一系列重大理论和实践问题。《决定》在重大理论上的贡献是，突破把计划经济同商品经济对立起来的传统观念，提出社会主义经济是"公有制基础上的有计划的商品经济"；突破把全面所有同国家机构直接经营企业混为一谈的传统观念，提出"所有权同经营权是可以适当分开的"，个体经济是社会主义经济必要的有益的补充。这是中国共产党在计划与市场关系问题上得出的全新认识。《决定》还就增强企业活力、发展社会主义商品经济、重视经济杠杆作用、实行政企职责分开、扩大经济技术交流等一系列重大问题作出部署。此后，以城市为重点的经济体制改革全面展开。

改革的推动，1984 年至 1988 年 5 年间，中国经济经历了一个加速发展阶段，国家经济实力和综合国力迈上了一个新台阶。5 年间国内生产总值年均增长 12.1%，创造的工业总产值达 6 万多亿元。城镇居民人均可支配收入由 1983 年的 564.6 元增加到 1988 年的 1180.2 元，农村居民人均纯收入由 1983 年的 309.8 元增加到 1988 年的 544.9 元。居民消费水平由 1983 年的人均 315 元增加到 1988 年的 684 元。城乡储蓄存款由 1983 年的 892.9 亿元增加到 1988 年的 3819.1 亿元。

但是这一时期的经济发展并不是不存在问题，再加上 20 世纪 80 年代末 90 年代初东欧剧变、苏联解体，世界社会主义阵营发生严重曲折，这些对中国也产生了一定的影响。有人对社会主义的前途缺乏信心，也有人对改革开放产生了怀疑，提出姓"资"还是姓"社"的疑问。这样，能否坚持党的基本路线不动摇，抓住机遇、加快发展，把改革开放和现代化建设继续推向前进，成为影响 20 世纪 90 年代中国发展进步的重大问题。在这一历史关键时刻，1992 年 1 月 18 日至 2 月 21 日，88 岁的邓小平先后到武昌、深圳、珠海、上海等地视察并发表了重要谈话，明确提出计划经济不等于社会主义，市场经济不等于资本主义，计划和市场都是手段，都可以用。邓小平发表的南方谈话，科学总结中共十一届三中全会以来的实践探索和基本经验，从理论上深刻回答了长期困扰和束缚人们思想的许多重大问题，是把改革开放和现代化建设推向新阶段的又一个解放思想、实事求是的宣言书。

建立和完善社会主义市场经济体制

1992 年 10 月，中共十四大在北京召开，会议全面贯彻邓小平南方谈话的精神，要求集中精力把经济建设搞上去，明确了中国经济体制改革的目标是建立社会主义市场经济体制。经济体制改革确定什么样的目标模式，是关系整个社会主义现代化建设全局的一个重大问题。这个问题的核心，是正确认识和处理计划与市场的关系。把社会主义制度与市场经济结合起来，建立和完善社会主义市场经济体制，是前无古人的伟大创举。

按照中共十四大关于建立社会主义市场经济体制的重大决策，中共中央、国务院作出一系列相应的体制改革和政策调整。1993 年 11 月，中共十四届三中全会审议通过《中共中央关于建立社会主义市场经济体制若干问题的决定》。这个决定总结了改革开放的基本经验，也借鉴了市场经济发达国家的有益经验，回答了改革实践中提出的许多重大问题，在理论上和政策上都有新的突破，是继续深化改革的纲领性文件。

建立社会主义市场经济体制，就要建立现代企业制度。当时刚刚被推向市场的国有企业，在越来越激烈的市场竞争中显得力不从心。合资企业、乡镇企业、私营企业得到了快速发展，各种所有制经济形成了有效竞争。国有企业虽然进行了改革，实行承包经营责任制，通过合同形式界定了国家与企业之间的责、权、利关系，在保证国家利益的前提下，有效调动了企业经营者的积极性，促进了国有企业的发展；但是，这一制度安排尚未真正触及国有企业的产权关系，没有改变国有企业所有制内部所有者相对虚置的根本弊端，建立现代企业制度迫在眉睫。例如 1998 年，2/3 以上国有企业亏损，全国国有企业加起来的利润才 213.7 亿元。国企改革被视为"最难啃的骨头"。

提起国企改革困境，中国一汽的老职工们深有感触。作为汽车工业的元老企业，位居吉林省长春市的一汽曾是大型国有企业和计划经济的典范，大工业的工厂规模、大批量的生产方式、大一统的工作秩序不知羡煞了多少企业。当时，一汽拥有医院、中小学校、托儿所、幼儿园等。有人曾形象地说："一汽除了没有火葬场，什么都有。"拖着沉重的包袱，"共和国长子"在发展的道路上步履蹒跚。宝钢集团董事长徐乐江对当时国企的困境也深有体会，他说："1993年，宝钢人均钢产量200吨，而国际水平是600吨，沉重的人员负担，制约着劳动生产率的提高。"沉重的社会负担、庞大的冗员、僵化的机制、落后的生产设备……国有企业不仅自身缺乏良性发展的机制，低下的效率使其在市场上甚至没有能力与乡镇企业竞争。

中共十四届三中全会通过的《中共中央关于建立社会主义市场经济体制若干问题的决定》，指出国有企业改革的方向是建立现代企业制度。从1994年开始，按照"产权清晰、权责明确、政企分开、管理科学"的要求，现代企业制度试点在100家企业推进。企业大门上惹眼的"招牌"，如"××厂""××总厂"逐步被"××有限责任公司""××股份有限公司"所取代；企业领导班子里出现了"董事""董事长""董事局主席""监事"等新名词。变化的不仅仅是名称，更重要的是内涵——通过建立现代企业制度，不仅让国有企业真正成为自主经营、自负盈亏的市场主体，更探索出一条公有制与市场经济有机结合的具体途径。到2000年，国有大中型骨干企业80%以上初步建立起现代企业制度。

1998年1月23日，在上海浦东的一座炼钢炉前，12万锭落后棉纱锭被回炉报废。由此开始，包括压锭在内的一系列脱困措施陆续付诸实施。国有企业改革脱困3年攻坚战正式拉开帷幕。自1999年底，国有企业3年改革与脱困出现转折性变化。2000年，国有及国有控股工业实现利润达2300亿元左右，比1997年增长了1.85倍；14个行业除个别行业外都能够全行业盈利；31个省、区、市全部做到继续增盈或整体扭亏;6599 家大中型亏损企业减少 70% 左右……国有企业整体扭亏为盈,为国有企业持续快速健康发展打下良好基础。

但是在加快改革和经济发展的过程中,由于一些地方和部门片面追求高速度,同时由于旧的宏观调控机制逐渐失效,新的调控机制尚未健全,以致出现了一些新的问题。在这种情况下,中共中央和国务院排除干扰,果断决策,在 1993 年 6 月出台了加强宏观调控的 16 条措施,着力引导国民经济健康运行。经过 3 年多的努力,宏观调控取得显著成效。"软着陆"的实现,不仅为在市场经济条件下进行宏观调控积累了经验,也为国民经济的持续、快速、健康发展奠定了坚实基础,赢得了国内外的广泛赞誉。

1997 年下半年,东南亚国家爆发金融危机,并很快波及整个亚洲和世界其他地区,中国的外贸进出口也因此呈现下降趋势,经济建设遇到严重困难。面对这一冲击,1998 年初,中共中央及时提出"坚定信心、心中有数、未雨绸缪、沉着应付、埋头苦干、趋利避害"的指导方针,并在权衡利弊的基础上,采取了扩大内需、实施积极财政和货币政策等应对措施。由于采取了一系列积极的应对措施,到 2000 年,国民经济出现重要转机,经济发展开始稳步回升。在周边许多国家都因这场危机出现经济衰退、货币大幅度贬值的情况下,中国仍保持了经济的持续增长,实现了人民币不贬值的承诺,并给予受到危机严重影响的国家以一定的援助,为缓解这场影响全球的金融风暴作出了积极贡献。

2002 年 11 月,中共十六大在北京举行。这是在 21 世纪召开的第一次党代会。此时,中国初步建立了社会主义市场经济体制,极大地促进了社会生产力的发展。但经济生活中还存在结构不合理、分配关系尚未理顺、农民收入增长缓慢、就业矛盾突出、资源环境压力加大、经济整体竞争力不强等问题。这些问题还需要通过进一步改革和完善体制机制加以解决。根据十六大提出的完善社会主义市场经济体制的部署，2003 年 10 月，中共十六届三中全会通过《中共中央关于完善社会主义市场经济体制若干问题的决定》，这是 21 世纪完善社会主义市场经济体制的纲领性文件。

中共十六届三中全会后，经济体制改革向重点领域和关键环节稳步推进。在完善基本经济制度方面，主要是巩固和发展公有制经济，发挥国有经济的主导作用，鼓励、支持、引导非公有制经济的发展。为此，2003 年 3 月，国务院成立国有资产监督管理委员会，改变政府过去直接管理企业的职能，从机构设置上实现政企分开、政资分开，以保证国有资产保值增值的责任得到落实。其后，中央、省、市 3 级国有资产监管机构基本建立，国有资产监管法规体系逐步完善，出资人财务监管体系基本形成。国有企业股份制改革取得重大进展。改革后，国有企业数量有所减少，但实力大为增强。在这期间，非公有制经济发展环境不断改善。2005 年 2 月，《国务院关于鼓励支持和引导个体私营等非公有制经济发展的若干意见》印发。之后，有关部门又相继出台 40 多个配套文件，形成一整套鼓励非公有制经济发展的法规政策。在这一系列政策措施推动下，多种所有制经济都实现了新的发展。到 2008 年，在规模以上工业中，国有及国有控股工业企业占全部规模以上工业总产值的比重下降到 28.3%，集体企业占 2.4%，非公有制企业比重上升到 65.6%。

中共十六大之后，面对国内外复杂环境和一系列重大风险挑战，中共中央团结带领全国各族人民，同心同德，砥砺奋进，坚持科学发展，实施正确而有力的宏观调控，国民经济实现快速增长。2003—2011 年，国内生产总值年均实际增长 10.7%，其中有 6 年实现了

10%以上的增长速度，在受国际金融危机冲击最严重的 2009 年依然实现了 9.4% 的增速。这一时期的年均增速不仅远高于同期世界经济 3.9% 的年均增速，而且高于改革开放以来 9.9% 的年均增速。经济总量连续跨越新台阶。2011 年，国内生产总值达到 48.9 万亿元，扣除价格因素，比 2002 年增长 1.5 倍。经济总量居世界位次稳步提升。2008 年国内生产总值超过德国，居世界第三位；2010 年超过日本，居世界第二位，成为仅次于美国的世界第二大经济体。中国经济增长对世界经济的贡献不断提高。特别是 2008 年下半年国际金融危机爆发以来，在世界主要经济体增长明显放缓甚至面临衰退时，中国经济依然保持了相当高的增速并率先回升，成为带动世界经济复苏的重要引擎。中国经济总量占世界的份额由 2002 年的 4.4% 提高到 2011 年的 10% 左右，对世界经济增长的贡献率超过 20%。

推动经济高质量发展

2012 年 11 月，中共十八大在北京举行，习近平当选为中共中央总书记。中共十八大的召开标志着中国特色社会主义进入新时代。新时代中国经济发展的基本特征，是由高速增长阶段转向高质量发展阶段。更通俗地说，高质量发展，就是从"有没有"转向"好不好"。推动高质量发展，对于中国发展全局具有重大现实意义和深远历史意义。

推动高质量发展是保持经济持续健康发展的必然要求。以前粗放型经济发展方式在我国发挥了很大的作用，加快了中国经济发展步伐，但是现在按照过去那种粗放型经济发展方式来做，不仅国内条件不支持、国际条件也不支持。推动高质量发展也是适应中国社会主要矛盾变化的必然要求，不平衡不充分的发展就是发展质量不高的表现，要解决这一主要矛盾，就必须推动高质量发展。此外，推动高质量发展也是遵循经济规律发展的必然要求，20世纪60年代以来，全球100多个中等收入经济体中只有十几个成为高收入经济体。那些取得成功的国家和地区，多数是在经历高增长阶段之后实现经济发展从量的扩张转向质的提高。

要实现经济高质量发展，就要坚持适应把握引领经济发展新常态。习近平指出："新常态下，我国经济发展的主要特点是：增长速度要从高速转向中高速，发展方式要从规模速度型转向质量效率型，经济结构调整要从增量扩能为主转向调整存量、做优增量并举，发展动力要从主要依靠资源和低成本劳动力等要素投入转向创新驱动。这些变化，是我国经济向形态更高级、分工更优化、结构更合理的阶段演进的必经过程。"

改革开放之初，中国经济总量在世界上居第十一位，2005年超过法国，居第五位；2006年超过英国，居第四位；2008年超过德国，居第三位；2010年超过日本，居第二位；2010年中国制造业规模超过美国，居世界第一位。中国人用自己的双手创造出东方大国的发展奇迹。

随着经济总量的不断增加，中国在发展中也遇到了新情况新问题，经济发展面临新常态。正如习近平指出的那样："经济发展面临速度换挡节点，如同一个人，10岁至18岁期间个子猛长，18岁之后长个子的速度就慢下来了。经济发展面临结构调整节点，低端产业产能过剩要集中消化，中高端产业要加快发展，过去生产什么都赚钱、生产多少都能卖出去的情况不存在了。经济发展面临动力转换节点，低成本资源和要素投入形成的驱动力明显减弱，经济增长需要更多驱动力创新。"

面对新常态该如何办呢？正如习近平指出的那样："有人问，新常态是一个好状态还是一个坏状态？这种问法是不科学的。新常态是一个客观状态，是我国经济发展到今天这个阶段必然会出现的一种状态，是一种内在必然性，并没有好坏之分，我们要因势而谋、因势而动、因势而进。""新常态不是一个筐子，不要什么都往里面装。新常态主要表现在经济领域，不要滥用新常态概念，搞出一大堆'新常态'，什么文化新常态、旅游新常态、城市管理新常态等，甚至把一些不好的现象都归入新常态。""新常态不是一个避风港，不要把不好做或难做好的工作都归结于新常态，似乎推给新常态就有不去解决的理由了。新常态不是不干事，不是不要发展，不是不要国内生产总值增长，而是要更好发挥主观能动性、更有创造精神地推动发展。"

推进供给侧结构性改革，是适应把握引领经济发展新常态的重大创新，是适应国际金融危机发生后综合国力竞争新形势的主动选择，是推动中国经济实现高质量发展的必然要求。习近平强调，推进供给侧结构性改革是一场硬仗，要以锐意进取、敢于担当的精神状态，脚踏实地、真抓实干的工作作风，打赢这场硬仗。要把推进供给侧结构性改革作为当前和今后一个时期经济发展和经济工作的主线，转变发展方式，培育创新动力，为经济持续健康发展打造新引擎、构建新支撑。

在经济发展新常态下，钢铁行业的供给侧结构性改革显得尤其重要。经过 10 多年来钢铁产量的爆发式增长，全国钢铁行业普遍出现产能过剩现象，行业亟待调整重塑。而作为中国第一产钢大省，河北钢铁行业面临的问题尤其突出。一场化解过剩产能的攻坚战，在石家庄、张家口、秦皇岛、唐山、廊坊、保定、邢台、邯郸 8 市同时打响。

截至 2015 年底，河北省累计压减过剩产能 3391 万吨炼铁、4106 万吨炼钢。为保证完成"十三五"期间化解过剩产能任务，2016 年 5 月，省政府与相关市、部门和企业签订了化解过剩产能目标责任书，明确了 2017 年、2018 年两年和"十三五"时期的目标任务，其中将 2016 年铁、钢产能压减任务分别增加到 1726 万吨、1422 万吨，坚决禁止违规新建钢铁产能和已封停钢铁设备复产，否则所在地党政一把手将被问责。

以钢铁闻名的唐山市采取"标准约束 + 差别政策 + 末位淘汰"办法，精准推动低效产能加速退出，对停产半年以上的钢铁企业复产实施严格监管；邯郸武安市制定钢铁产能交易政策，把压减任务摊到每家企业，按照每万吨铁、钢产能各 100 万元的标准，缴纳"钢铁产能指标置换交易金"，效益好的企业上缴交易金保留产能，效益差的企业拆炉子领奖补，完成了 170 万吨炼铁、277 万吨炼钢产能的压减任务；廊坊市对封停装备重点盯防企业，采取核定用电量的办法，如发现用电量超标，即采取限电措施，确保封停装备不能复产。

与此同时，新产业、新业态、新模式不断涌现。2016 年上半年，全省高新技术产业增加值增长 15.3%，增速同比加快 3.8 个百分点；互联网、软件信息技术等新兴服务业同比分别增长 89.2%、39.8%；网络消费、休闲旅游等新消费、新业态增速均保持在 30% 以上。特别是唐山市，新兴产业风生水起。据河北省统计局统计：2016 年上半年，河北省装备制造业增加值占规模以上工业比重升至 25.3%，与钢铁业相当。这标志着"钢铁老大"工业结构调整取得突破性进展。

当前和今后一个时期，中国经济发展面临的问题，供给和需求两侧都有，但矛盾的主要方面在供给侧。习近平对此有着非常清醒的认识。他指出："我国一些行业和产业产能严重过剩，同时大量关键装备、核心技术、高端产品还依赖进口，国内庞大的市场没有掌握在我们自己手中。再比如，我国农业发展形势很好，但一些供给没有很好适应需求变化，牛奶就难以满足消费者对质量、信誉保障的要求，大豆生产缺口很大而玉米增产则超过了需求增长，农产品库存也过大了。还比如，我国一些有大量购买力支撑的消费需求在国内得不到有效供给，消费者将大把钞票花费在出境购物、'海淘'购物上，购买的商品已从珠宝首饰、名包名表、名牌服饰、化妆品等奢侈品向电饭煲、马桶盖、奶粉、奶瓶等普通日用品延伸。据测算，2014 年我国居民出境旅行支出超过 1 万亿元人民币。"这就说明，中国不是需求不足，实际情况是需求变了，但是供给的产品却没有变，质量、服务跟不上。

　　随着形势发生的变化，一些企业迎难而上，主动适应市场的变化，在推进供给侧结构性改革方面进行了成功的探索。习近平对此有着非常深入的了解，他在 2016 年初的一次讲话中指出："前些年我国市场上各类手机争奇斗艳，既有摩托罗拉、诺基亚等国外品牌，也有国内厂商生产的手机，竞争十分激烈，一些企业破产倒闭。在这种情况下，我国一些企业从生产端入手，坚持自主创新，瞄准高端市场，推出高端智能手机，满足了人们对更多样的功能、更快捷的速度、更清晰的图像、更时尚的外观的要求，在国内外市场的占有率不断上升。世界手机市场竞争也十分激烈，名噪一时的摩托罗拉、诺基亚、爱立信手机如今已风光不再，甚至成了过眼烟云。元旦过后，我到重庆看了一家公司，他们生产的薄膜晶体管液晶显示器就是供给侧改革的成功案例。这几年，重庆笔记本电脑等智能终端产品和自主品牌汽车产业成长也很快，形成了全球最大电子信息产业集群和国内最大汽车产业集群，全球每3台笔记本电脑就有1台来自重庆制造。这说明，只要瞄准市场推进供给侧改革，产业优化升级的路子是完全可以闯出来的。"

中共十八大以来，在深刻认识经济发展新常态的基础上，大力推进供给侧结构性改革的结果，成效显著。从产业结构看，服务业比重持续提升。国家统计局数据显示，2013年，服务业增加值比重首次超过第二产业，成为国民经济第一大产业；2016年这一比重提升至51.6%，比2012年提高6.3个百分点，撑起"半壁江山"。从需求结构看，消费成为经济增长的主要推动力。统计显示，2013年至2016年，最终消费支出对经济增长的年均贡献率为55%，高于资本形成总额8.5个百分点。从城乡结构看，新型城镇化扎实推进。2016年末，常住人口城镇化率为57.35%，比2012年末提高4.78个百分点，年均提高1.2个百分点。从空间格局看，"三大战略"深入实施，"四大板块"统筹推进，新的增长极、增长带正在逐步形成，区域发展新动能新亮点不断涌现。

国家发展改革委副主任兼国家统计局局长宁吉喆指出："十八大以来，各地区各部门按照引领经济发展新常态的要求，大力优化产业结构，不断改善需求结构，积极推进城镇化，着力促进区域协调发展，我国经济结构加快调整，转型升级势头良好，经济发展向中高端水平迈进。"

与之相伴随的是中国经济在新常态下取得了较高质量的发展。近5年来，中国经济保持了中高速增长。国家统计局数据显示，2013年至2016年，国内生产总值年均增长7.2%，高于同期世界2.5%和发展中经济体4%的平均增长水平。就业和物价形势保持稳定。统计显示,2013 年至 2016 年，城镇新增就业连续 4 年保持在 1300 万人以上，31 个大城市城镇调查失业率基本稳定在 5% 左右。与此同时，价格涨势温和，2013 年至 2016 年，居民消费价格年均上涨 2%。国际影响力显著提升。2016 年，中国国内生产总值占世界经济总量的 15% 左右，比 2012 年提高超过 3 个百分点，稳居世界第二位。2013 年至 2016 年，中国对世界经济增长的平均贡献率达到 30% 以上，超过美国、欧元区和日本贡献率的总和，居世界第一位。

上述数据表明，面对世情国情深刻变化，中国牢固树立和贯彻落实新发展理念，适应把握引领经济发展新常态，开拓创新，砥砺前行，经济社会发展取得新的辉煌成就。

三、发展社会主义民主政治

推进政治体制改革

完善人民代表大会制度

发展协商民主

实行基层群众自治

对于改革开放以来中国特色社会主义政治发展，国内外都很关注，甚至国外的关注度要超过国内。每年 3 月份的中国"两会"，被称为"民主节"，政治民主问题的话题当然不能少。2013 年 3 月，十二届全国人大一次会议在人民大会堂举行新闻发布会时，美国有线电视新闻网记者问：在过去 30 年中，无论是中国的面貌还是中国经济，都发生了很大的变化和发展。但是，政治体制改革这方面似乎有一些滞后，中国的民众和领导层似乎都认为中国是需要政治体制改革的，这样的政治体制改革的内涵是什么？大会新闻发言人傅莹回应说：中国的政治体制改革是中国特色的社会主义制度的自我完善和发展，不能一说中国政治体制改革就是要照搬别人的模式，否则中国就没有进行政治体制改革，这样的说法不公平也不准确。一些发达国家，他们现在面临着非常严峻的困难，不比中国的困难小，但是没有听说他们要改变自己的政治制度，要照搬其他国家的模式，像中国这样的发展中国家，一面对这样的问题，马上就有这样的训导，说你们应该用别人的模式。这是一个误区，这也是为什么相当长时间，外界对中国的政治体制改革以及对中国整个改革进程看不透、看不懂，可能就是因为有这么一个误区。总的来讲，中国已经找到了自己的正确道路，而且正在取得成功，没有理由不坚持下去。

推进政治体制改革

改革开放 40 年来中国特色社会主义政治发展的过程，在很大程度上也就是中国特色社会主义制度的不断自我完善、确立制度自信的过程。中国特色社会主义制度，就是人民代表大会制度的根本政治制度，中国共产党领导的多党合作和政治协商制度、民族区域自治制度以及基层群众自治制度等基本政治制度，中国特色社会主义法律体系，公有制为主体、多种所有制经济共同发展的基本经济制度，以及建立在这些制度基础上的经济体制、政治体制、文化体制、社会体制等各项具体制度。这一系列制度，在改革开放 40 年的发展进程中，释放出各自的能量，显示出极大的功效。

当然，抚今追昔，我们也不讳言，在中国特色社会主义政治发展过程中，某些具体政治制度（即政治体制）也存在着一些弊端和缺陷，从而在一定程度上妨碍了基本政治制度功效的发挥。早在 20 世纪 50 年代中期，毛泽东等党和国家领导人就发现"国家制度中某些环节上缺陷的存在"，并提出了调整和改革的思路。

"文化大革命"结束后，1980 年 8 月，邓小平在中央政治局扩大会议上作了题为《党和国家领导制度的改革》的讲话。他反思了党和国家领导制度的弊端，包括官僚主义、权力过分集中、家长制、领导职务终身制和特权现象等，提出要靠加强制度建设来从根本上解决这些问题。他指出："我们过去发生的各种错误，固然与某些领导人的思想、作风有关，但是组织制度、工作制度方面的问题更重要。""斯大林严重破坏社会主义法制，毛泽东同志就说过，这样的事件在英、法、美这样的西方国家不可能发生。他虽然认识到这一点，但是由于没有在实际上解决领导制度问题以及其他一些原因，仍然导致了'文化大革命'的十年浩劫。这个教训是极其深刻的。不是说个人没有责任，而是说领导制度、组织制度问题更带有根本性、全局性、稳定性和长期性。"同年同月，当意大利记者奥琳埃娜·法拉奇向邓小平提出"怎样才能避免或防止再发生诸如'文化大革命'这样可怕的事情"时，邓小平回答："这要从制度方面解决问题。我们过去的一些制度，实际上受了封建主义的影响，包括个人迷信、家长制或家长作风，甚至包括干部职务终身制。我们现在正在研究避免重复这种现象，准备从改革制度着手。"邓小平指出，社会主义民主政治建设要在党的领导、法制、纪律、秩序下进行。以此为标志，中国政治体制改革摆上议事日程并以"中国特色"为指引。

1987年，中共十三大把开展政治体制改革作为战略任务提了出来。但在国门打开、改革开放条件下的政治民主探求，难免受到外部环境的考验，并遭遇"全盘西化论"的反弹，最大挑战莫过于"自由民主价值的普世主义"和"民主发展模式趋同论"。在一些人看来，西方民主模式如此完美，中国为何不照搬拿来，而非要"摸着石头过河"呢？一时间，国内资产阶级自由化思潮涌动，国外也有"热心"人士开出了"药方"。

1989年，美国学者福山撰文提出"历史终结论"。在他看来，东欧剧变，苏联解体，冷战的结束，标志着共产主义的终结，历史的发展只有一条路，即西方的市场经济和民主政治。他认为，人类社会的发展史，就是一部"以自由民主制度为方向的人类普遍史"。自由民主制度是"人类意识形态发展的终点"和"人类最后一种统治形式"。实践证明，福山的愿望落空了。随即，"第三条道路"思潮又波及中国，这一道路是新自由主义的经济学与社会民主主义的社会政策的混合物，其为应付全球化的挑战而提出的一套政治方略和对策值得重视，但其出发点和落脚点都是欧美的社会实践，无法生搬硬套地应用到中国社会。

但我们不能邯郸学步，也不能东施效颦，对于包括民主在内的制度和道路选择，中国人有自己的哲学。中国没有成为东欧剧变多米诺骨牌中的一张，中国也不会亦步亦趋地寻求什么"第三条道路"（其实，在中国革命过程中也有所谓"第三条道路"，结果是失败的）。尽管如此，挑战依旧存在。外部环境的考验，尤其是"西化"——仍然是干扰中国民主政治发展不可忽视的一股暗流。

不管风吹浪打，胜似闲庭信步。中国共产党对发展民主进程中遇到的诸多挑战有自己的判断，不生搬硬套外国政治制度模式，坚持走中国特色社会主义政治发展道路的决心不可撼动，信心愈加坚定。中共十四大、十五大、十六大、十七大分别提出了"积极推进政治体制改革""继续推进政治体制改革""继续积极稳妥推进政治体制改革""深化政治体制改革"等任务。中共十八大报告指出："政治体制改革是我国全面改革的重要组成部分。必须继续积极稳妥推进政治体制改革，发展更加广泛、更加充分、更加健全的人民民主。"中共十九大报告重申："要长期坚持、不断发展我国社会主义民主政治，积极稳妥推进政治体制改革，推进社会主义民主政治制度化、规范化、程序化。"

这表明，中国共产党推进政治体制改革的努力从来未曾中断过，中国特色社会主义政治已经按照自己的逻辑进程运转起来。改革开放40年，中国民主政治建设找到了一条符合中国国情、能够满足中国现代化建设需要的社会主义政治发展道路，没有理由不坚持下去。正如习近平在庆祝全国人民代表大会成立60周年大会上的讲话指出的那样:"世界上不存在完全相同的政治制度,也不存在适用于一切国家的政治制度模式。'物之不齐,物之情也'。各国国情不同,每个国家的政治制度都是独特的,都是由这个国家的人民决定的,都是在这个国家历史传承、文化传统、经济社会发展的基础上长期发展、渐进改进、内生性演化的结果。中国特色社会主义政治制度之所以行得通、有生命力、有效率,就是因为它是从中国的社会土壤中生长起来的。中国特色社会主义政治制度过去和现在一直生长在中国的社会土壤之中,未来要继续茁壮成长,也必须深深扎根于中国的社会土壤。"

完善人民代表大会制度

人民民主始终是中国共产党高扬的光辉旗帜,人民当家作主是中国社会主义民主政治的本质特征。

现行的《中华人民共和国宪法》第一章"总纲"第一条明确规定:"中华人民共和国是工人阶级领导的、以工农联盟为基础的人民民主专政的社会主义国家。"紧接着的第二条规定:"中华人民共和国的一切权力属于人民。人民行使国家权力的机关是全国人民代表大会和地方各级人民代表大会。人民依照法律规定,通过各种途径和形式,管理国家事务,管理经济和文化事业,管理社会事务。"第三条规定:"全国人民代表大会和地方各级人民代表大会都由民主选举产生,对人民负责,受人民监督。国家行政机关、监察机关、审判机关、检察机关都由人民代表大会产生,对它负责,受它监督。"这些规定,体现了国家性质和国家权力的归属问题,也体现了人民代表大会制度是中国根本的政治制度的特征。

作为保证人民当家作主的根本政治制度，人们会问：人民代表大会的权力从哪里来？简言之，来自人民的授权。人民通过选举，产生代表自己意愿的代表，组成代表机关，代表人民行使国家权力。因此，民主选举是人民代表大会制度的组织基础，也是各级人大的权力源泉。

按照宪法、人大选举法和人大代表法的规定，人民代表大会代表具有广泛的代表性，除被剥夺政治权利者外，中华人民共和国年满18周岁的公民，不分民族、种族、性别、职业、家庭出身、宗教信仰、教育程度、财产状况、居住期限，都有选举权和被选举权。人大代表具有广泛代表性，各个方面都有与其在国家、社会中的地位和作用相适当的代表。

改革开放以来，人民代表大会的功能得到了改善和加强，活动日益活跃，权威得到提高。日本学者加茂具树认为，自20世纪80年代以来，全国人大改变了被人称为"橡皮图章"和"党委挥手、政府动手、人大举手"的尴尬角色，在中国政治中的作用不断得到加强，如今已经成为中国政治权力的中心之一。

随着时代发展变化，人大相关制度也进行了重要修改和完善。非常重要的一点，就是规范代表名额和分配，把原来规定的全国人大农村和城市每位代表所代表人口的比例为8∶1，逐步修改为4∶1，直至2010年3月十一届全国人大三次会议修改为1∶1，即实行城乡按相同人口比例选举人大代表。这样做的目的就是更好地体现人人平等、地区平等、民族平等的原则，进一步扩大人民民主、保证人民当家作主。

根据选举法等法律的规定，在十一届全国人大常委会的主持下，2012年12月中旬至2013年1月，全国共选举产生了2987名十二届全国人大代表。

这次选举是 2010 年选举法修改后，首次实行城乡按相同人口比例选举全国人大代表，全国城乡约每 67 万人分配 1 名代表名额。在 2987 名十二届全国人大代表名单中，党政领导干部代表 1042 名，占代表总数的 34.88%，比十一届降低了 6.93 个百分点。与官员代表比例下降形成对比的是，来自一线的工人、农民代表共计 401 名，占代表总数的 13.42%，比十一届提高了 5.18 个百分点，其中，农民工代表数量大幅增加。仅广东一省，就选出了 3 名农民工全国人大代表。而 2008 年 3 月十一届全国人大一次会议召开时，来自上海、广东和重庆的 3 名农民工全国人大代表首次登台亮相，他们代表的却是全国 1 亿多名农民工的政治主张。

2017 年 12 月中旬至 2018 年 1 月选举产生的 2980 名十三届全国人大代表，更加体现出全国人大代表具有广泛的代表性，各地区各民族各方面都有适当数量的代表，一线工人农民代表、妇女代表比例有所上升，党政领导干部代表比例有所下降。据统计，在选出的代表中，少数民族代表 438 名，占代表总数的 14.70%，全国 55 个少数民族都有本民族的代表；归侨代表 39 名，占代表总数的 1.31%；连任代表 769 名，占代表总数的 25.81%。与十二届相比，妇女代表 742 名，占代表总数的 24.90%，提高了 1.5 个百分点；一线工人、农民代表 468 名（其中有 45 名农民工代表），占代表总数的 15.70%，提高了 2.28 个百分点；专业技术人员代表 613 名，占代表总数的 20.57%，提高了 0.15 个百分点；党政领导干部代表 1011 名，占代表总数的 33.93%，降低了 0.95 个百分点。

被选举出来的全国人大代表，具有广泛性，使得每一阶层每一群体的声音和意志都可以在最高权力的殿堂上得到传达和回应。人民当家作主就体现在这里。代表的广泛性中也体现着代表们具有的共性，即：拥护中国共产党的领导，拥护中国特色社会主义制度，牢固树立政治意识、大局意识、核心意识、看齐意识，模范遵守宪法法律，密切联系群众，在本职工作中发挥带头作用，自觉遵守社会公德，廉洁自律，公道正派，勤勉尽责，具备履职意愿和履职能力，具有良好社会形象，得到群众广泛认同。目前，包括全国人大代表在内，中国有260多万各级人大代表，他们都是兼职的，工作和生活在亿万人民群众之中，同人民群众保持着密切联系，了解人民群众的意见和要求，对宪法、法律，对党和国家的大政方针贯彻实施情况体会最深刻，对现实生活中的实际问题了解最深入，对民生方方面面的问题感受也是最直接的，因而能够更全面地了解和反映人民群众的意见、愿望和呼声。

当然，也有需要完善的方面。特别是县乡两级人大代表共有250多万人，占各级人大代表总数的95%，是党和国家联系广大人民群众的重要桥梁。而一段时期内，"代表代表，散会就了"成为人们对基层人大代表的一个印象。

为此，2013年，全国人大常委会建立并落实了委员长会议组成人员、常委会委员联系代表制度，完善代表联系群众制度。中国的人大代表不同于西方议员的情况。但由于绝大多数人大代表是兼职的，平时工作在各地、各条战线、各个岗位，个人不配备专门的工作班子和助手，这在客观上就决定了必须设立人大代表联络机构，为人大代表依法履行职责提供服务保障，拓宽代表联系群众的方式和渠道，畅通社情民意表达和反映渠道，接受选民监督。

为此，中共十八大和十八届三中全会明确提出设立人大代表联络机构，这是支持和保证人民通过人民代表大会行使国家权力的一个实在的、具体的举措，是更好地发挥人大代表作用的一项重要的、基础的工作。在这一方面，全国各地积极探索实践，并取得了良好效果。

比如，在江西省上饶市，青云镇人大主席黄有昌做了近8年的乡镇人大主席。在此之前，他曾在副镇长、常务副镇长、纪委书记等多个职位上历练。对于基层人大的定位，他深有体会，"以前觉得党委政府是一线，人大是二线。现在不一样了，人大同样也是一线"。黄有昌说，这两年多来，乡镇人大从组织机构、经济保障和人员配置上都比以前强了。在黄有昌的印象中，当地人大曾经就是"开开会举举手，没起太大作用"。2015年之后，当地开始重视搭建代表与群众联系的平台，基层人大代表也开始更好地发挥作用。黄有昌说，2014年，青云镇祠堂湾村出现一座严重影响村民生产生活的危桥。当地有老百姓到人大代表联络站，接访的恰好是当地一位企业家代表。这位代表跟镇人大主席团反映后主动捐资，镇里也向县交通局申请款项，共同兴建了新桥，解决了179名村民出行难的问题。问题解决后，村民们编了一句顺口溜："代表代表，权力不小，依法履职，各方叫好。"据黄有昌介绍，青云镇共有57名人大代表，他们在同级党委支持下，建立了"代表联络站"，在村里建设"人大代表联络工作室"。57名乡镇人大代表分为6个代表活动小组，轮流回到"代表联络站"，在"家"中与选民面对面交流。

再比如，上海市社区（街道）设立人大代表联络室就像杠杆的支点，盘活了各级人大代表的履职积极性，实现了民意从最基层及时到达管理层，上海市人大代表刘正东说："我们是间接选举，但是没有必要间接联系。无论是哪层代表都要接地气，否则，老百姓对代表说的话会觉得离得很远。"除了代表联络室，上海市各级人大为代表联系选民、联系群众创造了许多特色渠道，比如人大常委会、专门委员会联系代表制度，定期组织代表到社区联系人民群众等。"以前人大代表在哪里百姓不知道，现在处处能看到代表的身影，人大代表跟老百姓离得很近。"群众的评价是对代表履职最有力的证明。

历史在发展，时代在前进。习近平在庆祝全国人民代表大会成立 60 周年大会上的讲话中指出："新形势下，我们要毫不动摇坚持人民代表大会制度，也要与时俱进完善人民代表大会制度。"为此，必须毫不动摇坚持中国共产党的领导、必须保证和发展人民当家作主、必须全面推进依法治国、必须坚持民主集中制。他指出，当前和今后一个时期，要着重抓好以下几个重要环节的工作：加强和改进立法工作；加强和改进法律实施工作；加强和改进监督工作；加强同人大代表和人民群众的联系；加强和改进人大工作。中共十九大报告指出："人民代表大会制度是坚持党的领导、人民当家作主、依法治国有机统一的根本政治制度安排，必须长期坚持、不断完善。""坚持党的领导、人民当家作主、依法治国有机统一。党的领导是人民当家作主和依法治国的根本保证，人民当家作主是社会主义民主政治的本质特征，依法治国是党领导人民治理国家的基本方式，三者统一于我国社会主义民主政治伟大实践。"党的领导、人民当家作主、依法治国的有机统一，深刻反映了在中国建设社会主义民主政治的内在规律性。按照这个规律办事，就一定能把中国的民主政治建设好、发展好。否则，将三者分离、割裂甚至对立起来，就会出现以人民当家作主之名行无政府主义之实、以强化党的领导之名掩盖个人或少数人专断之实、以依法治国之名搞西方宪政主义之实等错误倾向。

发展协商民主

有事好商量，众人的事情由众人商量，是人民民主的真谛。协商民主是实现党的领导的重要方式，是中国特色社会主义民主政治的特有形式和独特优势。

协商民主与中国共产党领导的多党合作和政治协商制度密不可分。许多关心中国政治的人，都注意到这一细节：中共中央在作出重大决策之前，都先同民主党派协商，都先在人民政协进行协商。

曾几何时，这在新中国的历史选项里面临终结的境地，但中国共产党人主动选择了接纳。新中国成立前夕，一些民主党派领导人感到，革命胜利了，新中国将在共产党的领导下前行，民主党派的历史任务已经完成，应该功成身退。在这一历史关头，中国共产党主动选择了多党合作的政治格局。毛泽东对此有一段生动形象的阐述。他说，从前有句话叫"飞鸟尽，良弓藏"，现在应该改作"飞鸟尽，良弓转"——转向更好更进步的方面去。新中国的成立，如"大厦将建，独木难支"，不能光靠一个党派，需要多党派齐心努力，共建大厦。

改革开放之后，1987年，中共十三大报告明确提出：人民代表大会制度，共产党领导下的多党合作和政治协商制度，是我们的特点和优势，要完善共产党领导下的多党合作和协商制度，进一步发挥民主党派和无党派爱国人士在国家政治生活中的作用。十三大报告还指出，要"建立社会协商对话制度"："建立社会协商对话制度的基本原则，是发扬'从群众中来、到群众中去'的优良传统，提高领导机关活动的开放程度，重大情况让人民知道，重大问题经人民讨论。""对全国性的、地方性的、基层单位内部的重大问题的协商对话，应分别在国家、地方和基层三个不同的层次上展开。各级领导机关必须把它作为领导工作中的一件大事去做。要进一步发挥现有协商对话渠道的作用，注意开辟新的渠道。"

随着时代和实践的发展，20世纪90年代，中国共产党从理论上概括了中国社会主义民主有选举民主和协商民主两种重要形式。1991年3月23日，江泽民在七届全国人大四次会议、全国政协七届四次会议党员负责人会议上的讲话中，第一次提出"两种民主形式"。他指出："人民通过选举、投票行使权利与人民内部各方面在选举、投票之前进行充分协商，尽可能就共同性问题取得一致意见，是我国社会主义民主的两种重要形式。这是西方民主无可比拟的，也是他们所无法理解的。两种形式比一种形式好，更能真实地体现社会主义社会里人民当家作主的权利。"

在中国共产党的领导下，全国政协所包括的8个民主党派和界别，组织发展健康有序，发挥作用明显。2018年修正的《中国人民政治协商会议章程》明确提出："中国人民政治协商会议全国委员会和地方委员会的主要职能是政治协商、民主监督、参政议政。"

政治协商、民主监督、参政议政都是实实在在的重要工作。1990年，第八届、第九届全国政协常委，九三学社中央原副主席黄其兴提交了一份关于制定《国旗法》的提案，提出："国家观念是民族凝聚力之本。国家观念淡薄了，人心散了，比经济问题更可怕，因而要制定一部《国旗法》以增强民主凝聚力。"同年6月，七届全国人大常委会第十四次会议通过了经采纳黄其兴建议制定、关系到全民族国家观念的《国旗法》。黄其兴说："通过我十年来的提案可以看出，民主党派的提案大部分都有回话，而且都是肯定的。有些还答复：'你的意见已在某某计划中考虑进去了。'从我的亲身体会说，多党合作不是空话，不是可有可无的形式，具有深刻的内容。"

政治协商、民主监督、参政议政提高了中国共产党决策的科学化水平。三峡工程论证工作从 20 世纪 80 年代中期开始启动，为世人瞩目。中共中央、国务院曾多次召开会议进行论证和听取各方面的意见。全国政协第七届委员会于 1988 年和 1991 年两次组团赴三峡地区实地视察，政协委员们提出的有关提案多达 47 件，有 50 多位委员直接参加了论证和审查工作。正如邓小平所说的："共产党总是从一个角度看问题，民主党派就可以从另一个角度看问题，出主意。这样，反映的问题更多，处理问题会更全面，对下决心会更有利，制定的方针政策会比较恰当，即使发生了问题也比较容易纠正。"

进入 21 世纪后，在政治实践和理论创新的推动下，政治协商在民主的道路上进一步飞跃发展。协商民主，成为中国政治词典里增加的新名词，成为中国政治文明演进中的一朵新葩。

2007 年 10 月，中共十七大明确提出"把政治协商纳入决策程序"的要求。2007 年 11 月，《中国的政党制度》白皮书第一次正式提出了"选举民主"和"协商民主"的概念。"选举民主与协商民主相结合，是中国社会主义民主的一大特点。""选举民主与协商民主相结合，拓展了社会主义民主的深度和广度。"

2009 年 9 月，在改革开放的前沿广东省会广州，制定出台了《中共广州市委政治协商规程（试行）》，其中明确提出："发挥社会主义协商民主的作用，有利于广开言路、集思广益，促进决策的科学化、民主化；有利于增进理解、扩大共识，形成团结民主、活跃和谐的政治局面"。关于协商的原则，文件指出："把政治协商纳入决策程序，就重大问题在决策之前和决策执行过程中进行协商的原则，切实做到'对重大问题的协商在市委决策之前、市人大常委会通过之前、市政府实施之前',切实加强重大问题在决策执行过程中的协商;党总揽全局、协调各方的原则,由市委统一部署、协调并认真组织实施;民主协商、平等议事、求同存异、增进共识的原则,发扬民主,鼓励各种意见的充分表达和沟通。"2010 年 5 月,《中共广东省委政治协商规程(试行)》颁布实施;在总结试行经验的基础上,2011 年 8 月,规程正式出台。广东省在协商程序上规定:政治协商均要形成纪要或建议案;建立政治协商督办落实机制;把是否重视政治协商、能否发挥好政治协商的作用作为检验领导水平、执政能力的一项重要内容,纳入领导班子和领导干部考察考核。如今,广东省委、省政府有关部门、各地市自觉把政治协商当作分内事,变"应邀出席"为"主动参加",变"发表讲话"为"提出意见"。

认识的升华,集中体现在中共中央的决策中。2011 年,中共中央把"协商民主"这一概念写进了"中央十一号文件"。2012 年,中共十八大明确提出了"健全社会主义协商民主制度"的改革任务,第一次把"充分发挥人民政协作为协商民主重要渠道作用"写进了报告,这是中国政治民主进程中划时代的一个标志。中共十八届三中全会,再次明确了"协商民主是我国社会主义民主政治的特有形式和独特优势,是党的群众路线在政治领域的重要体现"。

人民政协要真正成为协商民主的重要平台,需要全国政协的带头示范。十一届全国政协为此作出了努力和尝试:5 年期间共举办 12 次常委会专题学习讲座、11 次在京委员学习报告会、37 期全国政协委员学习研讨班和政协干部培训班;积极开展人民政协协商民主实践;完善全体会议、常委会议、主席会议等既有协商形式,创新专题协商、界别协商、对口协商、提案办理协商等协商平台,5 年共开展各类协商活动 420 多场次;认真总结和推广各地制定政治协商规程的成功做法，科学确定协商议题，有效规范协商程序，推进成果转化运用，提高了协商质量。十一届全国政协期间，政协委员、政协各参加单位和政协各专门委员会，围绕经济社会发展中的重大问题和涉及群众切身利益的实际问题，提出提案 28930 件，立案 26699 件。其中，委员提案 25114 件，8 个民主党派中央和全国工商联提案 1347 件，人民团体提案 26 件，界别、小组提案 190 件，政协专门委员会提案 22 件。截至 2013 年 2 月 20 日，提案办复 26583 件，办复率为 99.57%。

中共十八大以来，以习近平同志为核心的中共中央高度重视协商民主建设。2013 年 12 月，在全国政协新年茶话会上，习近平指出："我们要巩固和发展最广泛的爱国统一战线，坚持和完善中国共产党领导的多党合作和政治协商制度，寻求最大公约数，凝聚改革共识，汇聚改革正能量。"2015 年，中共中央颁布《关于加强社会主义协商民主建设的意见》，中共中央办公厅下发《关于加强人民政协协商民主建设的实施意见》，要求加强政协协商与党委政府工作的有效衔接，并进行了具体化和细化。在政协组织层面，明确了人民政协的组织原则、履行职能、协商具体规则等。协商民主的成果，体现在了国家相关决策、发展规划或部门工作中，体现在了经济平稳较快发展、民生改善和社会和谐当中。

政协协商只是协商民主的一个有机重要组成部分。2017 年，中共十九大明确指出："要推动协商民主广泛、多层、制度化发展，统筹推进政党协商、人大协商、政府协商、政协协商、人民团体协商、基层协商以及社会组织协商。加强协商民主制度建设，形成完整的制度程序和参与实践，保证人民在日常政治生活中有广泛持续深入参与的权利。"

"合抱之木，生于毫末；九层之台，起于累土。"新时代的中国，协商民主已经落地发芽，活力无限，它必将从一株幼苗茁壮成长为一棵参天大树。

实行基层群众自治

20 世纪 80 年代，中国农村发生了翻天覆地的变化，人民公社解散，乡（镇）人民政府成立，人民公社下属的生产大队随之演变为村民委员会，原有的政社合一的农村治理体制被打破。按照村民自治的原意，村民委员会应当由村民选举产生，并带领全体村民行使自治权。但由于没有相关配套的法律，村干部仍由乡（镇）任命，村中的大事小事亦由村干部拍板，村民自治的政治权利还属于纸上谈兵。中国必须探索建立与农村市场经济发展和扩大基层民主政治相适应的现代乡镇行政管理新体制。

万事开头难。村民自治刚开始实践时也是如此。曾是历史当事人，后任职民政部救灾救济司司长、民政部社会福利和慈善事业促进司司长的王振耀，在其著作《不变的是原则，万变的是方法》一书中这样写道：

1987 年 11 月，全国人大通过了《中华人民共和国村民委员会组织法（试行）》，决定于 1988 年 6 月 1 日起试行。但究竟如何组织，整个社会普遍缺乏经验。

1990 年 8 月 5 日到 10 日，在山东省莱西县召开了全国村级组织建设工作座谈会，会上统一了对村委会选举的意见，就是要求大家不争论，先试行，在实践中推进农村选举。1991年底到1992年春，我们在山东省莱西县举办了多期村民自治示范讲习班。1992年，吉林省梨树县产生了"海选"的经验，这个县经过认真摸索，决定推广由选民选举产生候选人的办法，即将空白纸发给选民，由他们来填写候选人的名字，得票多者才能成为正式候选人。在这之前，中国还没有"海选"这个词汇，但梨树县创造了这个词汇，并用来规范选举制度。这个制度，对中国的农村选举产生了重要影响。有意思的是，当时国内的许多学者认为农村选举中宗族、家族势力严重，还有贿选，况且农民只是讨论农村的修路和村务办理的鸡毛蒜皮事项，没有多大的意义。但我却发现，如果能够在农村实施选举，进行排队领取选票、进入秘密画票间填写选票的训练，也就是让中国农民养成民主的习惯，学会民主的程序，运用民主的办法来解决农村内部矛盾，就会从根本上改变中国以武力和霸权来夺取普通民众权益的传统政治文化。

发现了这样的价值，我对农村选举工作达到了痴迷的地步。一个在乡镇政府工作的亲戚，一次偶然对我大发农村选举的牢骚。他说，在农村选举之后，村干部任职的决定权靠选票而不靠乡镇干部，现在到村子里村干部都躲着你，要吃顿饭都困难了。我听了以后，十分高兴选举后的变化。当然也对这位亲戚说，你们每天少吃一只鸡，我们的社会就好了！

经过多年的探索和实践，中国共产党领导亿万农民找到了一条适合中国国情的推进农村基层民主政治建设的途径，这就是实行村民自治。如今，在广大农村，司空见惯的一组镜头是：农民们手持选票，走进秘密画票间，规范、自由地表达自己的意愿。

中国农村轰轰烈烈的村民自治实践，也吸引了国际社会的目光。2000 年 1 月 7 日，新千年的钟声尚在耳边回荡，美国卡特中心由选举问题专家和新闻界人士组成的代表团来到中国，前往河北省定兴县，观摩固城镇北太平庄村村委会选举预选。

尽管天气奇冷，1000 多名选民还是早已端坐在空旷的北太平庄村小学大操场上。整个选举过程严格遵照法定程序：清点参加会议投票的人数，通过大会预选办法，推选总监票员和监票员、唱票员、计票员等选举工作人员，等等。1000 多名选民翘首注视着全过程，显示出很高的热情。

由于《村民委员会组织法》将提名、确定村委会候选人的权利完全交给每一位选民，首次从法律上禁止任何组织提名候选人。1000 多名北太平庄选民便将信任票投向 100 多人。到下午 1 点，选举工作人员依然在紧张地唱票。"这种不设框框的选举无疑是非常民主的"，来自丹麦的选举和选举系统专家久根·艾克雷博士说："但一次选举有几百人被提名，浪费时间较多。应当在选举前进行竞选，让选民了解竞争者，选票也可以集中一些。"美国卡特中心民主项目部主任卡斯特罗博士则对选民的积极性印象很深。他说："尽管天气奇冷，我们看到选民们情绪很高。他们根据自己的意愿提名候选人，不受任何组织的干预，这是一次非常民主的预选。"

1 月 9 日上午，代表团分成两路：一路前往河北省迁西县洒河桥镇的三村，另一路前往洒河桥镇大关庄村。代表团观摩了 3 场选举，感受最深的就是农村选民巨大的民主热情。尽管选举场所冷得像巨大的冰窟窿，但大多数选民毫无去意。即使到了午饭时分，村民们仍立在寒风中，几百双眼睛紧紧盯住小黑板上不断增加的票数，耐心地等待选举结果。

来自波士顿大学的约瑟夫·费尔史密斯有个中文名字叫傅士卓，他也是哈佛大学费正清研究所中国研究方面的副研究员。虽然他在中国研究领域非常活跃，曾多次来中国开会和发表演讲，但实地观摩中国农村选举还是第一次。他认为看与不看大不一样。"有一些地方需要完善，但是看到中国农村已经有了这样一个基层选举，感到的确是一个很大的进步。"傅士卓说："通过选举，老百姓有了自治的权利，有了监督官员的权利。而且在程序上也做得相当不错。我希望能到更多的地方实地看一看，包括经济条件不同的、风俗习惯不同的地方，加深对中国农村选举的认识。"

村民自治民主选举、民主决策、民主管理、民主监督的实践，如星火燎原，并向纵深发展。中共十八大以来，习近平多次强调要坚持和完善基层群众自治制度，发展基层民主，保障人民依法直接行使民主权利，为基层民主建设提供了有力指引和重要理论支撑，不断推动基层民主深入发展。

首先，党的领导在基层民主建设中充分体现。以习近平同志为核心的中共中央紧紧围绕提高科学执政、民主执政、依法执政水平，深化党的制度建设，加强民主集中制建设，推进协商民主广泛多层制度化发展，为基层民主发展提供了强大动力和有力保障。各级党委自觉贯彻党的群众路线，把政治智慧的增长、治国理政本领的增强深深扎根于人民的创造性实践之中，以党内民主引领促进基层民主。党的基层组织在基层群众自治过程中充分发挥领导核心作用，有效保证了基层民主发展与党的方针政策、决策部署相一致。截至2016年底，全国村民委员会中党员人数约占成员人数的57.78%；村党组织书记和村民委员会主任"一肩挑"约占村民委员会主任人数的34.23%。居民委员会中党员人数约占成员人数的 53.92%；社区党组织书记和居民委员会主任"一肩挑"约占居民委员会主任人数的 41.05%。形成村（居）民委员会、村（居）民小组、村落、楼院、门栋上下贯通、左右联动的基层群众性自治组织体系，一大批党组织推荐的人选通过法定程序进入村（居）民委员会班子，成为村、社区带头人，为党的路线方针政策在基层落地见效提供了有力保证。

其次，基层民主制度建设取得重大进展。第十二届全国人民代表大会第五次会议审议通过《中华人民共和国民法总则》，明确了村民委员会、居民委员会具有基层群众性自治组织法人资格，可以从事为履行职能所需要的民事活动。截至 2016 年底，全国 25 个省（自治区、直辖市）制定或者修订村民委员会组织法实施办法，27 个省（自治区、直辖市）制定或者修订村民委员会选举办法。《中华人民共和国城市居民委员会组织法》的修订工作也在积极推进。党中央、国务院就城乡社区协商、城乡社区治理、乡镇政府服务能力建设等下发文件，中央有关部门先后就农村基层组织建设、社区服务体系建设、社区减负增效等出台政策措施。民主选举有序推进，截至 2016 年底，全国 27 个省（自治区、直辖市）实现了村民委员会和居民委员会换届选举统一届期、统一部署、统一指导、统一实施，参选率达到 90% 以上，优化了村（居）民委员会班子结构。民主管理机制得到完善，全国 98% 的村制订了村规民约或村民自治章程，城市社区普遍制订了居民公约或居民自治章程，社会主义核心价值观得到充分体现。民主监督稳步推进，农村实现村务监督委员会全覆盖，城市社区居务监督形式日渐丰富，普遍实行村（居）务公开。述职、问责等机制逐步健全，全国每年约有 170 万名村干部进行述职述廉，对 23 万余名村干部进行经济责任审计，民主评议村干部近 210 万人次。农村基层组织建设不断加强，加大对"村霸"和宗族恶势力的整治力度，严惩各种违法违纪行为。有序推进以村民小组或自然村为基本单元的村民自治试点工作，推动实现村民自治地域范围与农村实际情况和农民意愿相一致。

最后，基层协商民主渠道不断拓展。中共中央、国务院高度重视城乡社区协商工作。习近平多次对城乡社区协商作出重要指示。各地结合实际研究制定具体办法，采取扎实有效的工作措施，推动城乡社区协商实践不断深化。截至2016年底，各省（自治区、直辖市）都出台了关于加强城乡社区协商的实施意见，各级党委、政府把城乡社区协商纳入重要议事日程，结合实际制定了具体办法。有些地方还围绕涉及基层群众利益的事项制定协商目录，明确协商内容，为开展社区协商提供制度保障。全国约85%的村建立村民会议或村民代表会议制度，89%的社区建立居民（成员）代表大会，64%的社区建立协商议事委员会，57%的村每年召开一次以上村民代表会议，"有事要商量、有事好商量"已经在城乡社区蔚然成风。"村（居）民议事""小区协商""业主协商""村（居）民决策听证"等协商形式在全国城乡社区逐步推广，群众有序参与的形式不断丰富、渠道不断拓展。

2013年11月中共十八届三中全会通过的决定，就发展基层民主作了规定："畅通民主渠道，健全基层选举、议事、公开、述职、问责等机制。开展形式多样的基层民主协商，推进基层协商制度化，建立健全居民、村民监督机制，促进群众在城乡社区治理、基层公共事务和公益事业中依法自我管理、自我服务、自我教育、自我监督。健全以职工代表大会为基本形式的企事业单位民主管理制度，加强社会组织民主机制建设，保障职工参与管理和监督的民主权利。"

字数不多的短短 3 句话的规定，概述了基层民主方兴未艾的昨日成就，为其蓬勃发展的未来指明了方向。

中国改革开放 40 年的实践，让提出"历史终结论"的美国学者福山修正了自己的观点，他表示："'中国模式'的有效性证明，西方自由民主并非人类历史进化的终点。人类思想宝库要为中国传统留有一席之地。"毫无疑问，中国的政治民主是这一席之地之中的重要组成部分。美国中国问题专家沈大伟指出："恰如经济改革的经验一样，中国共产党最有可能实施渐进的政治改革：到处试验新的方法，然后逐步在全国范围推广，接受那些成功的经验，放弃其他失败的经验。在这种小心翼翼的渐进过程中，新的政党—国家正在形成：中国的'兼收并蓄型国家'。恰如快速变化的经济、社会和其他发展领域一样，当代中国的政治将会反映出各种各样的外国实践和本土实践，把它们综合成一种新型的混合政治体制。"

局外人的判断给人以不同的启迪和思考。中国的政治体制改革和民主政治建设不存在一个新的民主价值的选择或制度重构问题。民主政治价值层面的问题，中国在新民主主义革命历史阶段已经作出了选择。中国人民最终确立了共产党的领导、人民代表大会制度、中国共产党领导的多党合作和政治协商制度、民族区域自治制度和基层群众自治制度等根本的和基本的政治制度，如果从"大历史"的角度来看，这是根据中国的国情和几千年治乱兴衰的历史经验作出的选择。

2013 年 3 月，习近平出访俄罗斯在莫斯科国际关系学院演讲时指出："'鞋子合不合脚，自己穿了才知道。'一个国家的发展道路合不合适，只有这个国家的人民才最有发言权。"他还在庆祝全国人民代表大会成立 60 周年大会上的讲话中指出："中国特色社会主义民主是个新事物，也是个好事物。当然，这并不是说，中国政治制度就完美无缺了，就不需要完善和发展了。制度自信不是自视清高、自我满足，更不是裹足不前、固步自封，而是要把坚定制度自信和不断改革创新统一起来，在坚持根本政治制度、基本政治制度的基础上，不断推进制度体系完善和发展。我们一直认为，我们的民主法治建设同扩大人民民主和经济社会发展的要求还不完全适应，社会主义民主政治的体制、机制、程序、规范以及具体运行上还存在不完善的地方，在保障人民民主权利、发挥人民创造精神方面也还存在一些不足，必须继续加以完善。在全面深化改革进程中，我们要积极稳妥推进政治体制改革，以保证人民当家作主为根本，以增强党和国家活力、调动人民积极性为目标，不断建设社会主义政治文明。"

这就是中国特色社会主义政治发展的方向——明确而坚定，这就是发展中国特色社会主义政治的态度——鲜明而自信。

四、推动文化繁荣发展

坚定文化自信

进行文明创建

深化文化体制改革

培养时代新人

讲好中国故事

文化是一个国家、一个民族的灵魂，文化兴则国运兴，文化强则民族强。位居世界东方的中国，文化源远流长，在世界上独树一帜。在世界四大文明古国里面，只有中国的文明延续几千年，不曾中断。在中国居住 28 年之久的意大利人利玛窦认为，中国以"普遍讲究温文有礼而知名于世"，并说"他们很满足于自己已有的东西，没有征服的野心"。建立在农业基础上的中国文化，在 19 世纪中叶受到建立在工业基础上的欧美文明的强有力冲击，也曾面临瓜分豆剖、亡国灭种的危难境地，但中国挺了过来，中华文化也得以延续。改革开放以来，随着综合国力不断提高，中国高扬文化自信，狠抓精神文明创建，深化文化体制改革，着力培育时代新人，努力讲好中国故事，中华文化的影响力和竞争力不断增强。持续的文化建设为中国推进改革开放事业提供了重要支撑。

坚定文化自信

无论是欧美发达国家，还是诸多新兴国家，大都拥有特色各异的文化传统。农耕时期，中国农业文明独步全球，领先世界各国数百年。工业文明时代，英国通过工业革命登上世界之巅，繁荣长达两个世纪。第二次世界大战以后，美国取英国地位代之，成为领导世界的霸权国家。国家兴起必定伴随文化的繁荣兴盛。曾经辉煌的中国，在改革开放以来韬光养晦、苦练内功，经济社会文化等方方面面都取得令世界瞩目的巨大成就。随着国力迅速增强，中国人对自己的文化也日益充满自信。习近平指出，坚定文化自信，事关国运兴衰、文化安全、民族精神独立。文化自信是更基础、更广泛、更深厚的自信，是更基本、更深沉、更持久的力量。没有高度的文化自信，没有文化的繁荣兴盛，就没有中华民族的伟大复兴。

坚定文化自信，中国人底气十足。中华文化历经数千年而不废、世所公认。中华文明之所以能够薪火相传、生生不息，其根本原因在于中华传统文化源远流长、灿烂辉煌、博大精深、开放包容，具有强大生命力。中华文化的载体汉字，用一横一竖、一撇一捺，记录着中国漫长的文化历史，蕴含着中国人的乾坤大世界。以"正""直"两个字为例，行不离轨就是正，目不斜视就是直。汉字造字的意图告诉世人：看清道路，奔向目标。这是古人的思想，也完全符合今天的精神。汉字独有的魅力与演变历史深深吸引了世界各地热爱汉字的人们。据央视网报道，来自美国的"汉字叔叔"理查德用了半辈子在研究汉字，为了研究汉字花光积蓄，差点被驱逐出境，他用了 20 年的时间将甲骨文、金文、小篆等字形整理好并放到网上，只为能够有更多的人了解汉字、认识汉字、传播推广汉字。他说："我觉得我能改变这些年轻人的生活，哪怕只是一点点。"他虽然金发碧眼，虽然语言表达磕磕绊绊，但心中的执着，眼里的光亮，儒雅的举止，就是汉字传承的精神，就是传统文化意境中的谦谦君子走向世界的形象。

以汉字为载体的中华文化博大精深，为中华民族生生不息、发展壮大提供了强大精神支撑。尤其是中华优秀传统文化蕴含的思想观念，如革故鼎新、与时俱进，脚踏实地、实事求是，惠民利民、安民富民，道法自然、天人合一等，为人们认识和改造世界提供了有益启迪，为治国理政提供了有益借鉴。中华优秀传统文化蕴含的人文精神，如求同存异、和而不同的处世方法，文以载道、以文化人的教化思想，形神兼备、情景交融的美学追求，俭约自守、中和泰和的生活理念等，滋养了中华民族独特丰富的文学艺术、科学技术、人文学术，至今仍然产生深刻影响。中华优秀传统文化蕴含的道德规范，如天下兴亡、匹夫有责的担当意识，精忠报国、振兴中华的爱国情怀，崇德向善、见贤思齐的社会风尚，孝悌忠信、礼义廉耻的荣辱观念，体现着评判是非曲直的价值标准，潜移默化地影响着中国人的行为方式。

中国浩如烟海的历史文化典籍中包含着丰富的哲学智慧、生活智慧、政治智慧，丰富的历史经验、治国理政理念，以及作为独特标识的中国精神、中国智慧、中国理念、中国价值等。这些具有极鲜明中国特色的理念和智慧，一旦为各国人民所理解，都会受到衷心的赞誉和产生深远的影响。例如，"己所不欲，勿施于人"，珍视他人的生命尊严和生命价值，不但是处理人际关系的大智慧，更是处理国与国关系的道义准则，已为世界各国和国际组织高度认同。再比如，中华文化倡导和合文化，主张培养人的诚实、守信、宽厚、庄重、谦逊、温和等品质，实现"和为贵"。中国文化自信首先是建立在对中华文化载体中内在蕴涵的中国精神、中国智慧、中国理念、中国价值的整体性理解与把握之上。还建立在中华优秀传统文化所具有的"海纳百川、有容乃大""开放、包容、兼收并蓄"的大格局大气象大胸怀上。

坚定文化自信，不仅源自中华文化孕育的发达的农业和手工业，产生了许多伟大的思想家、科学家、发明家、政治家、军事家、文学家、艺术家，有丰富的文化典籍；而且源自中国近代以来，在中华民族积贫积弱，无数仁人志士寻求救国救民、救亡图存的艰难奋斗中，特别是在中国共产党领导中国人民争取民族解放、国家独立、社会进步的伟大斗争中形成的革命文化、红色文化、优良传统；源自在选择了社会主义道路后，包括艰难曲折的探索、挫折、失误中形成的，特别是改革开放40年来形成、丰富和发展了的中国特色社会主义先进文化。革命文化和社会主义先进文化都是中华文化中极为丰厚的新篇章、新传统。

进入新时代，继续坚定文化自信，还要继续推动中华文化繁荣发展，不断提高国家文化软实力，推动中华优秀传统文化创造性转化、创新性发展，继承革命文化，发展社会主义先进文化，不忘本来、吸收外来、面向未来，更好构筑中国精神、中国价值、中国力量。

进行文明创建

改革开放以来，中国社会文明水平有明显提高，但部分民众依然停留在追逐富贵、欲望、虚荣、安逸等直接带来享受愉悦感的浅层面。在"货币拜物教"的影响下，世风日下、人心不古的事情不断浮现。进行文明创建是实现社会主义现代化和中华民族伟大复兴这一过程的必修课，贯穿在整个改革开放过程中。

为提高社会文明程度，中国几十年来比较重视文明创建，做了很多积极有益的工作。20世纪80年代，在全国开展了"五讲四美三热爱"活动。此活动是旨在中国青少年中创建社会主义精神文明的一种教育形式。活动的基本内容是：五讲——讲文明、讲礼貌、讲卫生、讲秩序、讲道德；四美——心灵美、语言美、行为美、环境美；三热爱——热爱祖国、热爱社会主义、热爱中国共产党。继1983年3月11日中共中央成立"五讲四美三热爱"委员会后，各省、自治区、直辖市分别成立了"五讲四美三热爱"委员会。共青团中央还把这项教育活动实际化，在全国大力推广和兴建"五讲四美三热爱"优秀青年工程。1985年12月23日，全国有98项"五讲四美三热爱"优秀青年工程受到共青团中央表彰。到80年代中期后，这项活动开展得更加深入广泛，成为建设社会主义精神文明的一项重要工作。

开展全国学雷锋活动是文明创建的重要载体。20世纪80年代，邓小平在领导全党全国人民转变工作重心、开启改革开放和社会主义现代化建设新长征的同时，敏锐地看到了雷锋精神的时代意义，再次发出了学习雷锋的号召，学雷锋活动又迎来新的热潮，各条战线不断涌现出许许多多雷锋式的先进人物。20世纪90年代，以奉献为主题的志愿精神在延续、在弘扬，青年志愿者活动和群众性学雷锋活动有机结合，使全民学雷锋开始有了自己的组织系统，使学雷锋活动在具有广泛群众性的基础上走向经常化。2001年，中共中央下发《公民道德建设实施纲要》，学雷锋活动在与公民道德建设相结合中呈现出新的勃勃生机。2011年10月，时值雷锋逝世50周年之际，中共十七届六中全会强调"深入开展学雷锋活动，采取措施推动学习活动的常态化"，为学雷锋活动继续深入开展指明了新的发展方向，提供了新的历史发展契机。2012年3月，中共中央办公厅印发了《关于深入开展学雷锋活动的意见》，要求着眼于建设社会主义核心价值体系，着眼于推进社会公德、职业道德、家庭美德、个人品德建设，着眼于提升公民思想道德素质和社会文明程度，以传承和弘扬雷锋精神为主题，以青少年为重点，以社会志愿服务为载体，贴近实际、贴近生活、贴近群众，创新内容、创新形式、创新手段，广泛进行雷锋事迹、雷锋精神和雷锋式模范人物的宣传教育，广泛开展学雷锋实践活动和社会志愿服务活动，广泛普及爱国、敬业、诚信、友善基本道德规范，推动学雷锋活动常态化、机制化，形成践行雷锋精神、争当先进模范的生动局面，形成我为人人、人人为我的良好氛围。为此，宣传部门经过审慎程序，于 2015 年、2016 年、2017 年分 3 批公布了全国学雷锋活动示范点和全国岗位学雷锋标兵，这些示范点和标兵在自己的领域和岗位上切实发挥了引领作用。

郭明义是学雷锋的标兵，他时刻思考学雷锋。说起来，郭明义和雷锋还有着不解之缘，送郭明义参军入伍的老政委正是当年送雷锋参军的老红军余新元，和雷锋一样，郭明义也曾是沈阳军区的一名汽车兵。入伍后，郭明义主动向党组织靠拢，多次向党组织递交入党申请书。1981 年 6 月 20 日，郭明义如愿以偿，在鲜红的党旗下，他郑重宣誓："我志愿加入中国共产党……"1982 年，郭明义从部队复员回到鞍钢工作。回到鞍钢齐大山铁矿后，郭明义先后从事过 6 个不同的工作，从大型生产汽车司机到车间团支部书记，从矿党委宣传部干事到车间做统计员兼人事员，从英文翻译再到采场公路管理员，无论在什么岗位上，他都以做到"最好"履行着自己的承诺。

1990 年，齐大山铁矿号召职工义务献血，郭明义立刻报了名。郭明义说，看到对社会、对企业、对他人有意义的事情时，总会想到自己是一名共产党员。这是郭明义第一次献血，也就是因为这次献血，他了解到他们献的血能挽救他人的生命，可血库却经常血源不足。从此，他年年坚持无偿献血，有时一年两次，从未间断。他累计献血 6 万毫升，是他身体血液的 10 倍多。当时，郭明义月收入不足600 元，上有年迈的父母，下有正在上学的女儿，一家三口，挤在市郊 20 世纪 80 年代中期所建的不足 40 平方米的居室里。然而，为了让更多的孩子走进课堂，十几年来，他已累计捐款 7 万多元，帮助了 100 多名贫困儿童。郭明义的这些故事可谓家喻户晓。他说："党员就是要和百姓不同，我们应该多做，要立足于一个'做'字，学雷锋要说出来、站出来，更要做出来。"面对赞誉，郭明义认为自己只是履行了在党旗下的誓言。

当然，在将学雷锋活动融入国民教育、精神文明建设和党的建设全过程的形势下，如何借鉴半个多世纪以来学雷锋活动的历史经验推进社会主义核心价值体系建设，是学雷锋活动在新时代面临的新课题。

社会主义荣辱观的提出也是进行文明创建的重要内容。其基本内涵是"八荣八耻"，即以热爱祖国为荣，以危害祖国为耻；以服务人民为荣，以背离人民为耻；以崇尚科学为荣，以愚昧无知为耻；以辛勤劳动为荣，以好逸恶劳为耻；以团结互助为荣，以损人利己为耻；以诚实守信为荣，以见利忘义为耻；以遵纪守法为荣，以违法乱纪为耻；以艰苦奋斗为荣，以骄奢淫逸为耻。它以人民群众的思想道德发展水平和共同理想为基础和根本依据，是对社会主义思想道德体系的丰富与发展，具有丰富的内涵和鲜明的时代特征。树立社会主义荣辱观是树立良好社会风气的根本途径，是构建社会主义和谐社会的思想道德基础。以"八荣八耻"为具体内容的社会主义荣辱观，为公民道德建设树起了新的标杆，对加强社会主义思想道德建设产生了积极的影响。

创建文明城市工作是文明创建活动的重要形式。1984 年 6 月，全国"五讲四美三热爱"活动工作会议在福建三明召开，揭开了全国文明城市创建的序幕，三明市成为全国群众性精神文明创建的发祥地之一。1996 年 10 月，中共十四届六中全会通过《中共中央关于加强社会主义精神文明建设若干重要问题的决议》，全面部署开展以文明城市、文明村镇、文明行业为代表的群众性精神文明创建活动。20 多年来，创建文明城市工作深入开展，涌现出一批创建工作先进典型，评选出一批全国文明城市，示范带动各地掀起创建文明城市的热潮。特别是中共十八大以来，在以习近平同志为核心的中共中央坚强领导下，创建文明城市工作取得了新发展、开创了新局面。2014 年 9 月 16 日，全国"五讲四美三热爱"活动工作会议 30 周年研讨会在福建省三明市召开，来自全国精神文明建设战线的工作者齐聚于此，共同回顾 30 年文明之花的绽放。2015 年 2 月 28 日，习近平会见第四届全国文明城市、文明村镇、文明单位和未成年人思想道德建设工作先进代表并发表重要讲话，为创建文明城市工作指明了前进方向、提供了根本遵循，全国创建热情空前高涨，创建水平显著提升。

深化文化体制改革

改革开放以来尤其是中共十六大以来，针对文化体制存在的诸多问题，中共中央下决心推动文化体制改革。中共十六大提出区分文化产业和文化事业，为文化体制改革明确了方向。2003 年 6 月，中央召开了文化体制改革试点工作会议，确定在 9 个地区和 35 个文化单位进行试点。经过两年多的大胆探索、扎实工作，各地试点地区和单位基本完成了中央确定的试点任务，为改革向面上逐步推开提供了典型示范，积累了新鲜经验。在认真总结试点经验的基础上，2006 年初，《中共中央、国务院关于深化文化体制改革的若干意见》颁布实施。2006 年 3 月在北京召开的全国文化体制改革工作会议，分析了文化体制改革面临的形势和任务，论述了文化体制改革的重大意义，对全面推进文化体制改革进行了具体部署。2007 年，中共十七大深刻阐述了文化建设的极端重要性，号召全党更加自觉、更加主动地推动文化大发展大繁荣、兴起社会主义文化建设新高潮、提高国家文化软实力。2008 年 4 月，中央召开全国文化体制改革工作会议，强调要深入贯彻落实中共十七大精神，推动文化体制改革不断取得新的实质性进展。文化艺术、广播影视、新闻出版等领域的体制改革工作进入向面上推开、向纵深拓展的新阶段。随后至今，每年中央都召开文化体制改革工作会议，部署文化体制改革工作，总结交流改革经验。特别是中共十八大以来，在以习近平同志为核心的中共中央领导下，各地区各部门坚持正确舆论导向，牢牢掌握文化体制改革发展主导权，文化改革发展取得重大进展和显著成效。

公共文化事业不断进步，公共文化设施不断完善，覆盖城乡的公共文化服务网络初步建立，公共文化服务理念逐步深化，公共文化服务能力和均等化水平逐渐提高。据国家统计局发布的改革开放 40 年经济社会发展成就系列报告显示，到 2017 年，全国共有群众文化机构 44521 个，比 1978 年增加 37628 个，增长 5.5 倍，1979 年至 2017 年年均增长 4.9%；博物馆 4721 个，比 1978 年增加 4372 个，增长 12.5 倍，年均增长 6.9%；公共图书馆 3166 个，比 1978 年增加 1948 个，增长 1.6 倍，年均增长 2.5%。广播电视覆盖面也持续扩大。截至 2017 年底，全国广播综合人口覆盖率为 98.7%，比 1985 年提高 30.4 个百分点；全国电视综合人口覆盖率为 99.1%，比 1985 年提高 30.7 个百分点。出版事业也蓬勃发展。2017 年，全国图书出版种数 51.2 万种，比 1978 年增加 49.8 万种，增长 35.6 倍；图书总印数 92.4

亿册（亿张），比 1978 年增加 54.7 亿册（亿张），增长 1.4 倍，年均增长 2.3%。全国期刊出版种数 10130 种，比 1978 年增加 9200 种，增长 9.9 倍，年均增长 6.3%。可见，改革开放以来特别是中共十八大以来，基层公共文化设施不断完善，公共文化事业不断进步，居民文化消费水平持续提升。

在文化体制改革推动下，文化产业规模在不断扩大，质量不断提高。伴随国民文化消费需求质量不断提高、数量不断增加的同时，文化市场准入逐步放宽，市场主体、经营方式日趋多元，文化产业规模不断扩大。特别是中共十八大以来，现代文化产业体系加快构建，供给侧结构性改革持续深化，一批文化企业和品牌做大做强，文化产业发展质量和效益不断提升。经初步测算，2017 年，文化产业实现增加值 35462 亿元，比 2004 年增长 9.3 倍；2005 年至 2017 年年均增长 19.7%，比同期国内生产总值现价年均增速高 6.3 个百分点，文化产业呈现出快速增长的态势。

为推动文化产业可持续发展，不断培育和发展文化市场主体，加大骨干文化企业培育力度，鼓励和引导社会资本进入文化产业，形成了以公有制为主体、多种所有制共同发展的文化产业格局。2010 年，经中共中央宣传部、国家广电总局批准，中国电影集团公司联合中国国际电视总公司、央广传媒发展总公司、长影集团有限责任公司、中国联合网络通信集团有限公司等 7 家单位共同发起设立了中国电影股份有限公司。2016 年 8 月 9 日，中国电影股份有限公司成功登陆 A 股市场，正式在上海证券交易所挂牌上市。该公司业务涵盖影视制片制作、电影发行、电影放映及影视服务 4 大业务板块，涉及影视制片、制作、发行、营销、院线、影院、器材生产与销售、放映系统租赁、演艺经纪等众多业务领域，与境外数百家著名电影企业有着紧密的合作关系。中影公司始终坚持把社会效益放在首位，努力实现社会效益和经济效益相统一，近年来创作生产了各类影片百余部。《大唐玄奘》《美人鱼》《狼图腾》《建党伟业》《建国大业》《建军大业》等电影取得了广泛的社会影响。另外，公司还为千余部影视剧提供了制作服务，培养和造就了一大批活跃在当今中国影坛的编剧、导演、演员及各类电影专业技术人才。公司旗下国家中影数字制作基地技术先进、设施完善，拥有包括世界级规模的 5000 平方米的摄影棚 16 座，全数字化的电影后期中心具备电影声音制作、画面剪辑、数字中间片制作、视觉特效制作、动漫制作等完善的电影制作能力。中影公司拥有全国最大的数字电影发行管理平台，在数字影片发行领域占据市场主导地位，近年来发行了近千部国内外影片。公司下辖 7 条控股、参股院线及百余家控股影院，票房收入超过全国票房总额的四分之一。据统计，2018 年，第十届"全国文化企业 30 强"主营收入、净资产、净利润 3 项指标创历史新高。

为引导文化产业向规模化、集约化、专业化方向发展，充分发挥集聚效应，各地区和有关部门加强了文化产业园区和基地规划建设，大力促进区域文化产业协调发展，推进资源整合，优化产业布局，加快结构调整。文化骨干企业数量逐年增加，企业规模持续扩大，规模化、集约化、专业化水平进一步提升，文化产业的发展动力不断增强。

实践发展永无止境，改革创新亦无穷期，文化体制改革只有进行时、没有完成时。中共十八大提出全面建成小康社会和全面深化改革开放这"两个全面"的要求，给文化体制改革打开了新的天地、注入了新的动力、提出了新的要求。2018 年 8 月，习近平在全国宣传思想工作会议上强调，要推动文化产业高质量发展，健全现代文化产业体系和市场体系，推动各类文化市场主体发展壮大，培育新型文化业态和文化消费模式，以高质量文化供给增强人们的文化获得感、幸福感。要坚定不移将文化体制改革引向深入，不断激发文化创新创造活力。这进一步明确了加快文化改革发展的基本遵循。只有继续深化文化体制改革，不断增强改革的系统性、整体性、协同性，发挥市场在文化资源配置中的积极作用，激发文化工作者和全社会文化创造热情，推动文化事业、文化产业繁荣发展，提供更多更好的优秀文化产品和文化服务，才能更好地满足全面建成小康社会伟大进程中人民群众日益增长的精神文化需求，才能更好地适应全面深化改革伟大事业中使各方面制度更加成熟更加定型的时代要求，才能更好地形成有利于创新创造的文化发展环境。

在推动文化建设过程中，中国大地上出现了很多优秀的文化团队。诞生在内蒙古大草原上的乌兰牧骑就是杰出代表。乌兰牧骑，蒙语原意为"红色的嫩芽"，意为红色文化工作队，是活跃在草原农舍和蒙古包之间的文艺团队。改革开放以来，乌兰牧骑始终坚持不懈地全心全意为农牧民服务，被农牧民亲切地称为"玛奈（我们的）乌兰牧骑"，乌兰牧骑队员则被唤作"玛奈呼和德（我们的孩子）"。乌兰牧骑的队员多来自草原农牧民，队伍短小精悍，队员都是一专多能，报幕员也能唱歌，唱歌的还能拉马头琴伴奏，放下马头琴又能顶碗起舞。更值得一提的是，他们不仅能在台上演出精彩的节目，走下舞台还能做饭洗衣，为农牧民修理家用电器，传播科学文化知识。乌兰牧骑的节目多为自编自演，以反映农牧民生活为主，小型多样。2017年11月21日，习近平给内蒙古自治区苏尼特右旗乌兰牧骑队员们的信中说，乌兰牧骑是全国文艺战线的一面旗帜，第一支乌兰牧骑就诞生在你们的家乡。60年来，一代代乌兰牧骑队员迎风雪、冒寒暑，长期在戈壁、草原上辗转跋涉，以天为幕布，以地为舞台，为广大农牧民送去了欢乐和文明，传递了党的声音和关怀。乌兰牧骑的长盛不衰表明，人民需要艺术，艺术也需要人民。实际上，内蒙古大地上有很多支乌兰牧骑队伍。1961 年成立的内蒙古杭锦旗乌兰牧骑，走过了以天为幕布，以地为舞台、以马车为交通工具、野营露宿的服务阶段，如今的杭锦旗乌兰牧骑队员们带着一辆舞台车、一辆交通车和一些简单的演出服及音响设备，上车休息、下车演出，走一路演一路，一如既往地开展着下乡服务群众工作。近年来，杭锦旗乌兰牧骑坚持每年为基层农牧民群众演出 120 余场次，年均行程达 2 万余公里、服务群众 10 万余人。2018 年 1 月 16 日，杭锦旗乌兰牧骑被中共中央宣传部、文化部和国家新闻出版广电总局授予第七届全国服务农民、服务基层文化建设先进集体称号。

培养时代新人

每一代人有每一代人的长征路，每一代人都要走好自己的长征路，中国梦只有在一代代人的接力奋斗中才能变为现实。正因如此，中共十八大以来，习近平把"育新人"作为宣传思想工作的一项重要使命任务，要求立德树人、以文化人，培养能够担当民族复兴大任的时代新人。培养怎样的时代新人，以及怎样培养时代新人，成为新形势下宣传思想工作的必答题。

"时代新人"不是新在外表、外貌，而是新在内里、观念。从革命战争年代宣传摆脱压迫、实现解放的抗争精神，到新中国成立后提出培养又红又专的社会主义建设者，再到改革开放时期倡导培育有理想、有道德、有文化、有纪律的"四有"新人，中国共产党始终重视培养契合时代需要的人才队伍。今天，中国特色社会主义进入新时代，面对实现高质量发展的愿景，面对人民群众对美好生活的期待，只有在思想觉悟、道德水准、文明素养等方面符合新时代要求，才能肩负起民族复兴的大任。

伟大的时代需要伟大的精神作为支撑，伟大的事业需要与之同心同向的奋斗者为之奉献。培养担当民族复兴大任的时代新人，首先就是要以坚定的理想信念筑牢精神之基，让理想信念的灯塔驱散精神的迷雾、照亮精神的家园。2013年5月4日，习近平同各界优秀青年代表座谈会时强调："理想指引人生方向，信念决定事业成败。没有理想信念，就会导致精神上'缺钙'。"这个理想信念，就是对马克思主义的信仰，对社会主义和共产主义的信念，对中国特色社会主义道路、理论、制度、文化的自信。只有在全体人民特别是青少年中加强理想信念教育，深化社会主义和共产主义宣传教育，深化中国特色社会主义和中国梦宣传教育，弘扬以爱国主义为核心的民族精神和以改革创新为核心的时代精神，才能让理想信念的明灯永远在全国各族人民心中闪亮。

培养时代新人，关键是发挥社会主义核心价值观的引领作用。中共十八大以来，培育和践行社会主义核心价值观虽已取得明显成效，但做好这项工作，还需恪守"长""常"二字。正因为如此，习近平在中共十九大报告中指出："社会主义核心价值观是当代中国精神的集中体现，凝结着全体人民共同的价值追求。要以培养担当民族复兴大任的时代新人为着眼点，强化教育引导、实践养成、制度保障，发挥社会主义核心价值观对国民教育、精神文明创建、精神文化产品创作生产传播的引领作用，把社会主义核心价值观融入社会发展各方面，转化为人们的情感认同和行为习惯。"这里突出了教育引导、实践养成、制度保障在实现社会主义核心价值观融入社会发展各方面的重要作用。为此，就要广泛开展先进模范学习宣传活动，才能激浊扬清、扶正祛邪，使社会主义核心价值观像空气一样无处不在、无时不有，成为百姓日用而不觉的行为准则。

培养时代新人，还要大力弘扬时代新风，在推动社会文明进步中实现群众的自我教育、自我提高。2018 年 8 月习近平在北京召开的全国宣传思想工作会议上强调，宣传思想工作是做人的工作的，要把培养担当民族复兴大任的时代新人作为重要职责。我们只有继续加强思想道德建设，深入实施公民道德建设工程，加强和改进思想政治工作，推进新时代文明实践中心建设，才能不断提升人民思想觉悟、道德水准、文明素养和全社会文明程度；也只有继续弘扬新风正气，推进移风易俗，培育文明乡风、良好家风、淳朴民风，才能既塑形又铸魂，焕发乡村文明新气象。

培育时代新人，需要各方面共同努力，各行各业都在大力培育新人。以文艺界为例，中国文联组织和有关方面认真贯彻落实党中央的决策部署，以培养担当民族复兴大任的社会主义新人为己任，深入开展培养人才、发现人才、珍惜人才、凝聚人才的工作，努力在行业建设中发挥主导作用。通过实施"四个一批"人才培养工程、青年人才选拔推荐，广泛开展交流研讨、研修培训等，引导文艺工作者树立正确的历史观、民族观、国家观、文化观，全面提高政治思想觉悟和艺术素养。特别是 2016—2017 年首次大规模组织全国文艺骨干培训，累计培训会员 8.5 万人。通过开展"全国中青年德艺双馨文艺工作者"评选表彰、中国戏剧奖等 12 个全国性文艺奖项评奖、授予"终身成就艺术家"荣誉称号等，激励大家坚守艺术理想、追求卓越业绩。通过实施"晚霞""彩霞""朝霞"工程、"艺坛大家"音像工程等重大服务项目,每年精心打造"百花迎春——中国文学艺术界春节大联欢"等,发挥其对人才队伍建设的示范引导、鼓励促进,加深友谊、凝心聚力等作用。通过提出"爱国、为民、崇德、尚艺"文艺界核心价值观,制定颁布《中国文艺工作者职业道德公约》,建立中国文联文艺工作者职业道德建设委员会和全国文艺家协会行风建设委员会等专门机构,深入开展向阎肃、李雪健等文艺界先进典型学习活动,持续加强对社会反映强烈的不良现象的研判、处置等措施,引导文艺工作者自觉讲品位、讲格调、讲责任,自觉遵守国家法律法规,加强道德品质修养,用健康向上的文艺作品和做人处世陶冶情操、启迪心智、引领风尚。经各方共同努力,已经造就了一支规模宏大、德艺双馨的文艺人才队伍,仅中国文联所属 11 个文艺家协会,会员数量已由 1979 年的 1.2 万人发展到目前的 12.6 万人,涌现出一批批大家名家,整个文艺队伍焕发出昂扬向上的精神风貌。

"兴于诗,立于礼,成于乐",中华民族自古以来重视人的自由发展的重要意义。进入新时代,习近平从培养德智体美全面发展的社会主义建设者和接班人的高度,明确提出要培养在思想水平、政治觉悟、道德品质、文化素养、精神状态等方面同新时代要求相符合的"时代新人",这对于推动人的自由、全面发展,同步于中华民族伟大复兴的伟大事业具有重要意义。

讲好中国故事

随着中国日益走近世界舞台的中央,外界对中国的看法呈现多元态势。一方面，大多数人意识到中国崛起势不可挡，看到中国带来的机遇。尤其对许多发展中国家来说，中国的成功道路值得他们思考，中国提供的帮助和支持为他们克服发展难题提供了新机会。中国提出的全球治理主张和提供的公共产品在日益固化和保守的世界中，让国际社会感受到东方吹来的清新之风，为国际秩序朝更加公正合理的方向变革带来新的希望。但另一方面是中国的迅速发展也引起不少国家的不安，"中国崩溃论""中国威胁论""中国责任论"等论调此起彼伏，中国按计划进行的科考活动都被赋予政治含义。不乏有人担心中国搞"新殖民主义"，通过盘剥其他国家滋养自己的利益，甚至像历史上曾经的列强那样走上争霸的道路。最明显的是，现存的世界强国和传统势力对中国的警惕和防范上升，试图构建围堵和阻碍中国崛起的思维和部署。正如有的人讲故事说："有七个人在酒店点了一桌子菜，准备聚餐。但菜刚上齐，门口突然闯进来一个庞然大物，三下五除二，就把菜吃光了。"这 7 个人指西方七国，那庞然大物就是指崛起的中国。在解决了"挨打""挨饿"的问题之后，如何解决"挨骂"的问题，确实摆在中国人面前。"我们有本事做好中国的事情，还没有本事讲好中国的故事？我们应该有这个信心！"习近平的这句话言简意赅，表明讲好中国故事极为重要。

讲好中国故事首先要回应国际关切。舆情调查显示，2012 年 11 月中共十八大召开后，国际社会普遍想了解中国共产党为何能持续取得成功，以及新一届中央领导集体将给世界带来什么影响，中国要向何处去。西方国家非常关心中国的对外政策和在全球治理上的表现，发展中国家更多关心中国发展经济、治理腐败、政党建设的经验与做法。在此背景下，中国有关部门精心组织编辑出版《习近平谈治国理政》，并抓住中国领导人出访、双边或多边重要活动，以及参加重要书展等契机，针对不同对象国、不同语种分别举办图书首发式、研讨会、座谈会、展销月等系列活动，邀请诸如柬埔寨首相洪森、巴基斯坦总理谢里夫、尼泊尔总统班达里等许多国家的政要、著名智库学者和媒体人士参与相关活动，有效扩大该书的国际知名度和影响力。自2014年9月出版以来，该书出版21个语种24个版本，全球发行625万余册，覆盖160多个国家和地区。预计2019年将达到34个语种。《习近平谈治国理政》的海外成功，最主要的原因是这本书很好地回应了国际社会的关切。中共十八大以来，习近平立足当代中国国情和发展实践，围绕改革发展稳定、内政外交国防、治党治国治军，提出了一系列治国理政新理念新思想新战略，集中体现在《习近平谈治国理政》这本书中。通过阅读该书，海外读者既能了解到中国的发展理念和发展道路，也能看到世界问题的中国观点和中国方案，还能听到中国与国际社会共同发展、共享繁荣的美好愿望和心声。《习近平谈治国理政》可以说是国际社会全面了解当代中国及其未来走向的一把金钥匙。

新时代是中国从大国走向强国的时代，是中国要为世界作出更大贡献的时代。国际上十分关心中国向何处去，必须主动讲好中国共产党治国理政的故事、中国人民奋斗圆梦的故事、中国坚持和平发展合作共赢的故事，让世界更好地了解中国。这几年中国出版和对外发行了"中国共产党为什么能"系列、"中国共产党精神"系列、"中国梦"系列、"一带一路"系列、"中国关键词"系列、《大中华文库》等一批对外介绍中国共产党、中国基本国情、中国当代发展成就和中国优秀文化主题图书。近些年来，中国在举办APEC会议、G20峰会、"一带一路"国际合作高峰论坛等国际型活动时，比较注意借此开展公共外交，积极发挥主场优势，精心展示中国良好形象，向世界传递友善合作情谊。2018 年 9 月，中非合作论坛北京峰会迎来了 51 位非洲国家领导人，包括 40 位总统、10 位总理、1 位副总统。这表明中非关系发展良好，也表明中国国际影响力逐渐增强。

为讲好中国故事，习近平身体力行、率先垂范。作为中国故事"第一讲解人"，他在诸多外交场合用"讲故事"的方式，来传播中华文化、阐释中国理念、传递中国友谊、展示天下情怀，给国际社会留下深刻印象。比如，他由诗人岑参"长安城中百万家"，讲述唐宋时期中国城市文明曾经的辉煌，回顾古代中国的灿烂业绩，着眼近代中国的落后屈辱，分析当代中国的弯道超车，展现了中国领导人的宏阔视野，让人真切体会"中国奇迹"的来之不易；他讲了 3 位中国华侨冒险救出 12 名刚果邻居的故事，阐述两国人民的情谊；他讲"己所不欲，勿施于人"，传递中国外交的义利观；他讲"新狮子论"，巧妙反驳了"中国威胁论"……他讲亲身经历，也讲历史故事；他讲传统友谊，也讲最新进展……一个个生动的故事经他娓娓道来，具有令人震撼的思想力量、直抵人心的人格力量、平易近人的语言力量，讲出了中国魅力，征服了世界的听众。他讲故事之所以吸引人，主要在于注意寻找国家之间、不同国家公民之间的公约数，用真实的故事，传承合作共赢、和平共处的中国理念。

讲好中国故事，大家都在行动。中国网针对海外社交媒体制作了一档英文短视频评论节目——《中国三分钟》。创办两年来，已经制作播出 117 期，在海外社交媒体平台上总阅读量超过 2.27 亿次，视频总播放量超过 1700 万次，总互动量超过 130 万次。该节目之所以取得成功，被海外网民认可，关键在于它能够聚焦时事热点，回应国际关切，表达中国立场，有鲜明的中国观点。讲好中国故事，要讲真实的故事。比如：印度总统访问上海时来到郊区，有一位乡长介绍乡里情况时说的是：GDP 有多少，人均收入有多少，建了多少房子……印度总统接着参观一户农民家新房时问女主人，为什么儿子和儿媳妇的房子比老两口的又好、又大、又明亮？这位农村妇女说："儿媳妇在我们这儿是最受重视的，是我们请来的客人，我们必须对客人好。"乡长说理，妇女说事，哪个好？实际上是讲故事容易记，和外国人交流讲的就是你身边的故事和你自己的故事。这是中国著名公共外交专家赵启正授课时讲到的故事。

讲好中国故事，也需站稳立场讲究技巧。中美贸易摩擦中，中国一直在向世界、向美国讲清个中利害。2018 年 9 月，中国发布了《关于中美经贸摩擦的事实与中方立场》白皮书，以大量事实和翔实数据，说明美国的保护主义和贸易霸凌主义行为对世界经济发展的危害，展示中国坚定维护国家利益、坚定维护多边贸易体制的决心和意志。美国圣托马斯大学休斯敦分校教授乔恩·泰勒认为，该白皮书阐明了中国立场，指明事实上中美间的贸易比美方认为的更加平衡。美国耶鲁大学高级研究员斯蒂芬·罗奇也认为，该白书皮非常有效详细地阐明了中方对美方指控的回应，并明确指出了美方的不当做法。在此时中国发表白皮书，是为了避免贸易摩擦进一步扩大而采取的建设性做法，充分显示了中国坚持对话协商解决争端的态度。

当今世界，话语权实际存在"西强我弱"的局面，中国有时陷入有理"说不清""说不出""不会说""说不过人家"的尴尬境地。大力提高讲好中国故事能力很有必要。这就要加强国际传播能力建设，精心构建对外话语体系，增强对外话语的创造力、感召力、公信力，传播好中国声音，阐释好中国特色；要完善国际传播工作格局，创新宣传理念、创新运行机制，汇聚更多资源力量；树立人人都是国家形象代言人的理念，不断提高国民的道德修养、文明素质，推动全社会文明水平提高；必须增强文化自信，推动文化繁荣发展，切实提高国家文化软实力。英国前首相撒切尔夫人曾经说过，中国永远不会成为超级大国，因为只能出口电视机，而出口不了电视节目。进入新时代，中国既要出口电视机，更要出口电视节目，才能让世界更多地了解中国。

2018 年 8 月，习近平指出，做好新形势下宣传思想文化工作，必须自觉承担起举旗帜、聚民心、育新人、兴文化、展形象的使命任务。这为进一步加强文化建设、提升中华文化软实力、提高中华文化影响力，明确了努力方向和奋斗目标。

五、保障和改善民生

优先发展教育

减少和消除贫困

推进健康中国建设

建立健全社会保障

坚持优生优育

改革开放 40 年来，中国党和政府注重谋民生之利、解民生之忧。40 年中国社会变化之迅速前所未有，可谓之"巨变"。社会建设 40 年来，是全体居民共享改革发展成果、生活水平显著提高的 40 年，是人民生活从温饱不足向全面小康加快迈进的 40 年，是脱贫成就举世瞩目、世界上最大保障安全网不断织密兜牢的 40 年。民生领域的大幅改善，是改革开放带来的，也为改革开放奠定了民心基础。

优先发展教育

十年树木，百年树人。不重视教育的民族和国家，是没有希望的民族和国家。在中国，教育是发展大计。中国改革开放，教育改革走在前面。

"文化大革命"时期，打破了教育领域健全的教育体系，特别是高招制度的废止，严重影响了各级教育特别是高等教育的发展。1977年 8 月 8 日，邓小平在科学和教育工作座谈会上，谈到高等院校招收应届毕业生的问题：今年就要下决心恢复从高中毕业生中直接招考学生，不要再搞群众推荐。从高中直接招生，是早出人才、早出成果的一个好办法。9 月 19 日，邓小平与教育部主要负责人就"教育战线的拨乱反正问题"讨论时再次谈到了高等学校的招生条件主要是抓两条：第一是本人表现好，第二是择优录取。1977 年 10 月 12 日，根据邓小平的意见，国务院批转了教育部《关于1977年高等学校招生工作的意见》。文件规定了高等学校新的招生政策：工人、农民、上山下乡和回乡知识青年、复员军人、干部和应届毕业生，凡是符合条件者，不管其家庭出身如何，均可报考。考生要具有高中毕业或者与之相当的文化水平。恢复统一考试，录取原则是德智体全面衡量，择优录取。即废除推荐制度，恢复文化考试，择优录取。1977年底，全国约有570万青年参加了高等学校招生考试，各大专院校从中择优录取了27.3万名学生，使新生质量有了很大提高。1978年夏季，又有610万考生参加考试，两季共1180万人的招考规模创下了中国乃至世界考试史上的纪录。恢复高考并不是简单恢复了一场入学考试，更是社会公平与公正的重建，是在全社会重新树立起尊重知识、尊重人才的观念。这不仅对提高教育质量具有重要的意义，而且还深刻地影响了整个国家的命运，可谓一个时代的拐点。

1977年恢复高考以后，高等学校教育也得以重振。1978年2月17日，国务院转发教育部《关于恢复和办好全国重点高等学校的报告》，确定第一批重点高校88所，其中恢复原有的60所，新增的28所。12月28日，国务院通知恢复和增设169所普通高等学校。同时，高等教育管理体制改革也相应布局。1979年9月，中共中央批转教育部党组《关于建议重新颁发〈关于加强高等学校统一领导、分级管理决定〉的报告》，重新恢复了1963年确立的"中央统一领导，中央和省、市、自治区两级管理"的体制。这充分调动了中央和地方各级政府办学的积极性，为高等教育的迅速发展奠定了基础。1979年，全国普通高校增加到633所，1980年增加到675所。在本科教育之外，研究生教育也被提上日程。1978年，全国210所高校和162个科研机构招收录取研究生共10708人；1980年2月，全国人大常委会通过和公布《中华人民共和国学位条例》；1981 年 10 月，国务院学位委员会通过了首批博士、硕士授予单位及学科、专业名单；1982 年开始招收首批博士学位研究生。经过一系列改革和调整，党和政府在改革初期建立起了相对完整的高等教育体系。与此同时，中小学基础教育体系也得以恢复与重建。

随着改革的深入，实施科教兴国战略、深化教育体制改革也被提上日程，经过不断的创新改革与探索努力，不仅高等教育获得了跨越式的发展，还逐渐满足了适应社会发展的多层次需求，中小学基础教育领域的各项改革也是稳步推进、成效显著。"大眼睛"命运的改变，不仅代表了她一个人命运的改变，更是代表了一个时代教育体制改革之一"希望工程"的历史性成就。

中共十八大以来，以习近平同志为核心的中共中央把教育问题视为攸关国家发展、民族兴衰的百年大计，也是寄托亿万家庭对美好生活期盼的民生工程，特别提出要把公平放在教育改革与发展的首位，且成效显著。补齐教育短板，体现教育公平，成为近年来教育改革的着力点。木桶的容量，取决于最短的那块板。教育的短板，关键就在贫困地区这个底部，不让贫困家庭的孩子输在起跑线上，是补齐短板的一个最核心指标。无论是在偏远山村还是繁华都市，孩子们幸福的笑脸、老百姓真切的获得感，都是教育改革发展成就最直观、最生动的体现。在河南省中牟县城东路小学，一幢崭新漂亮的四层教学楼已经投入使用，校长说：原来的教学楼是 20 世纪 90 年代村民集资修建的，地上墙上多处有裂缝，孩子们在里面上课，总是让人提心吊胆。现在，孩子们不仅能在安全舒适的教室里上课，图书室、实验室、音乐室也一应俱全。这么巨大的变化，得益于"全面改善贫困地区义务教育薄弱学校基本办学条件"这一重大工程项目。"全面改薄"自

2013 年 12 月启动实施以来，规划新建、改扩建校舍约 2.2 亿平方米，购置教育仪器设备约 1066 亿元，惠及全国 2600 多个县的近 22 万所义务教育学校。其建设资金投入量之大、项目涵盖范围之广、受益学生覆盖面之多，在中国教育史上是空前的。穷校摘穷帽，学生露欢颜。补齐贫困地区的教育短板，其实就是守住了民生的底线、守住了教育的公平与社会的公正。面向每一个学生、办好每一所学校，让每一个孩子都能享受公平优质的教育，这是教育均衡发展的基本要求、也是亿万群众内心的呼唤。

国家从 2015 年起将高等教育新增招生计划主体全部投向中西部地区和人口大省，3 年来支援中西部地区招生协作计划共安排 90 余万人，相当于为中西部地区增建了近百所万人大学。农村和贫困地区专项招生计划，每年的招生名额也从 1 万人增至 9.6 万人，累计录取学生 37 万人，形成了保障农村和贫困地区学生上重点高校的长效机制。公平是教育发展的重要价值取向，也是让老百姓共享改革发展成果的题中之义。

40 年来，坚持教育优先发展，以促进教育公平为基本要求、优化结构为主攻方向，教育事业取得巨大进步。国民受教育程度大幅提升。15 岁及以上人口平均受教育年限由 1982 年的 5.3 年提高到 2017 年的 9.6 年，劳动年龄人口平均受教育年限达到 10.5 年。义务教育进入全面普及巩固新阶段。2017 年，小学学龄儿童净入学率达 99.9%，初中阶段毛入学率达 103.5%，九年义务教育巩固率达 93.8%。高等教育向普及化阶段快速迈进。2017 年，高等教育毛入学率达到 45.7%，高于中高收入国家平均水平。中国成为名副其实的教育大国、人力资源大国。

尽管中国教育现在还有许多急需改进的地方，但从整个中华民族素质的提升，国家建设所需人才的培养，还是从一个学生走进大学校门与一个家庭命运的改变，教育的成就无论怎样评价都不为过。站在中国教育"由大向强"的飞跃关口，抬高底部、缩小差距、提升质量，让亿万孩子同在蓝天下共享优质教育、通过知识改变命运，是国家的责任，也是百姓的心声。

减少和消除贫困

改革开放 40 年来，中国稳定解决了十几亿人的温饱问题，总体上实现小康，不久将全面建成小康社会，人民美好生活需要日益广泛，不仅对物质文化生活提出了更高要求，而且在民主、法治、公平、正义、安全、环境等方面的要求日益增长。据此，中共十九大报告指出，中国社会的主要矛盾已经转化为人民日益增长的美好生活需要和不平衡不充分的发展之间的矛盾。

而 40 年前的 1978 年，农村的贫困人口仍高达 2.5 亿人，贫困发生率为 30.7%。据农业部的统计，1978 年全国人民公社社员从集体分得的收入，人均不过 74.67 元。在全国，人均分配超过 300 元的"明星队"仅占千分之二左右。许多地方农民辛苦劳动一年，仍达不到温饱水平。1977 年冬末 1978 年春初，时任安徽省委书记的万里与一个"叫花子"的对话真切地反映了当时农民的生活状况。当时万里刚任安徽省委书记不久，轻装从简，探访调查淮北农村，偶遇一个青年，上身穿着一棉袄，里面光着身子，外面扎一草绳，从破烂的地方露出棉花。万里问这青年有什么要求，那青年拉开棉袄，拍拍光肚皮说："吃饱肚子"；万里说这要求太低了，还有什么要求？这青年又拉开棉袄，再一次拍拍光肚皮说："把地瓜换成粮食。"万里听后，良久无语。

中国改革开放始于农村，始于家庭联产承包责任制的实施。实行家庭联产承包责任制后，各地农村在仅仅一两年时间就改变了大多数农民"吃粮靠返销"的状况，实现了粮食自给甚至能有余粮的目标。包产到户之所以在全国迅速推开，其中非常重要的一点，是它解放了土地和劳动力。1978年，在河南、安徽、江苏、山东很多地方，早上吃红薯粥，中午吃红薯大豆合起来磨面做的面条，晚上还吃红薯粥，在一年中的很长时间是常态，一年中能够吃上"白面馍馍"的光景很少，全年难得见上几顿荤腥，所以过春节成了当时几乎所有中国人一年中最大的期盼，因为春节时候，再穷的家庭也要割上几斤肉过年。现在的很多影视剧反映当时的农贸市场肥猪肉最抢手，瘦肉不好卖，这是当时生活水平低下、人们肚里"没油水"的真实写照。可是，一搞包产到户和包干到户，粮食产量就迅猛增加，大部分地方解决了吃饭的问题，农民的生活水平迅速提升。据统计，到1984年，农业总产值增长68%，农民人均收入增长166%，取得了举世瞩目的成就。比如，甘肃省静宁县灵芝公社，地处高寒干旱山区，98%的生产队是"三靠队"，人民生活十分贫困，公社书记下队经常吃不上饭，社员干活没心劲，处于"推日头下山"的状况，对集体生产毫无信心。但是，一搞包产到户，情况顿时改观。包产到户确实具有稳定民心、治穷救灾的作用。

1987年6月12日，邓小平在会见外宾谈到改革开放从农村开始的原因及成效时，曾坦率地说，在没有改革以前，大多数农民是处在非常贫困的状况，衣食住行都非常困难。中共十一届三中全会以后决定进行农村改革，给农民自主权，给基层自主权，这样一下子就把农民的积极性调动起来了，把基层的积极性调动起来了，面貌就改变了。农村改革见效非常快，这是原来没预想到的。的确，长期使人焦虑的农业生产所以能够在短期内蓬勃发展起来，显示了中国社会主义农业的强大活力，根本原因就在于大胆冲破"左"的思想束缚，改变不适合中国农业生产力发展的体制，全面推行家庭联产承包责任制，发挥了8亿农民的巨大的社会主义积极性。《在希望的田野上》这首歌曲，形象地描述了这一时期的农村社会：我们的家乡，在希望的田野上，炊烟在新建的住房上飘荡，小河在美丽的村庄旁流淌……我们的未来，在希望的田野上，人们在明媚的阳光下生活，生活在人们的劳动中变样。这是作曲家施光南与词作家陈晓光，满怀激情地对中国改革开放事业的赞颂与希冀，歌颂了这一时期农民生活质量显著提高、农村到处呈现的一番生机勃勃景象。

中共十一届三中全会以来，全国农村形势越来越好。但由于自然条件、工作基础和政策落实情况的差异，农村经济还存在发展不平衡的状况，特别是还有几千万人口的地区仍未摆脱贫困，群众的温饱问题尚未完全解决。其中绝大部分是山区，有的还是少数民族聚居地区和革命老根据地，有的是边远地区。帮助这些地区脱贫是个大问题。

20世纪80年代中期以来，国家开始实施开发式扶贫战略，农村扶贫工作取得阶段性成果。1994年4月15日，国务院印发《国家八七扶贫攻坚计划（1994—2000年）》，即自1994年到2000年，集中人力、物力、财力，动员社会各界力量，力争用7年左右的时间，基本解决全国农村8000万贫困人口的温饱问题。为推动"国家八七扶贫攻坚计划"实施，重新划定国家重点扶持贫困县592个，凡是1992年农民人均纯收入低于400元的县全部纳入国家重点贫困县扶持范围。通过对贫困县的集中有效扶持，带动了全国农村贫困问题的解决。进入21世纪，党与各级政府扶贫力度更大，措施更有力。中共中央、国务院决定：从 2001 年到 2010 年，集中力量，加快贫困地区脱贫致富的进程，把扶贫开发事业推向一个新的阶段。2001 年 6 月 13 日，中共中央、国务院印发《中国农村扶贫开发纲要（2001—2010 年）》。深入推进扶贫开发，是建设中国特色社会主义的重要任务。2011 年 5 月 27 日，中共中央、国务院印发《中国农村扶贫开发纲要（2011—2020 年）》。

进入新时代以来，以习近平同志为核心的中共中央集中更大精力关注民生福祉。中共十九大报告指出，坚决打赢脱贫攻坚战。立足打赢脱贫攻坚战，确保到 2020 年现行标准下农村贫困人口实现脱贫。中共十八大以来，以习近平同志为核心的中共中央把扶贫开发摆到治国理政的重要位置，提升到事关全面建成小康社会、实现第一个百年奋斗目标的新高度，加大扶贫投入，创新扶贫方式，实行精准扶贫、精准脱贫，出台系列重大政策措施，脱贫攻坚战已经取得决定性进展，6000 多万贫困人口稳定脱贫，贫困发生率从 10.2% 下降到 4% 以下。

国家统计局网站公布的数据显示，改革开放以来中国农村贫困人口减少 7.4 亿人。按当年价现行农村贫困标准衡量，1978 年末，农村贫困发生率约为 97.5%，以乡村户籍人口作为总体推算，农村贫困人口规模 7.7 亿人；2017 年末，农村贫困发生率为 3.1%，贫困人口规模 3046 万人。从 1978 年到 2017 年，我国农村贫困人口减少 7.4 亿人，年均减贫人口规模接近 1900 万人；农村贫困发生率下降 94.4 个百分点，年均下降 2.4 个百分点。在 2018 年举行的博鳌亚洲论坛上，联合国秘书长古特雷斯说："现在是中国历史上非常重要的时刻，中国改革开放 40 年，实现了举世无双的经济增长和减贫，对全球经济发展也作出了非常重要的贡献。"

相信在党和政府的高度重视及配套政策法规的指引下，在精准扶贫等具体措施推动下，尽管深度贫困地区的脱贫任务还很艰巨，但2020年实现全部脱贫的伟大目标指日可待。

推进健康中国建设

当下，很多人对"赤脚医生"这个称呼已经很陌生。但"赤脚医生"这个群体在中国医疗发展史上占有重要地位。新中国成立后，在国家财政紧张的情况下，城乡医疗处于较低的层次与水平。当时，面对广大农村缺医少药的状况，党和政府致力于制度创新，"赤脚医生"群体的出现就是一个很好的案例。"赤脚医生"，顾名思义，是指一般未经正式医疗训练、仍持有农业户口、一些情况下"半农半医"的农村医疗人员。"赤脚医生"在农村医疗保障工作中发挥了很大的作用。据1984年卫生部统计，全国共有125.1万名"赤脚医生"。在制度性的调整中，卫生部于1985年停止使用"赤脚医生"这个说法，并规定通过医试合格者才能授予乡村医生证书，考试不合格及未参加考试者统称为乡村卫生员。

健康是人类全面发展的基础。长期以来，世界各国一直在不断探索高效的医疗卫生建设道路。改革开放以来，中国医疗卫生事业发展成就显著，疾病防治能力不断增强。党和政府也在不断推进医疗卫生建设，建立惠及城乡居民的医疗卫生体制，加快推进基本医疗保障制度建设，新型农村合作医疗、城镇职工基本医疗保险、城镇居民基本医疗保险等方面的改革全面展开，促进了医疗卫生事业的加快发展。尤其是新型农村合作医疗的实施，帮助生大病的百姓解决了大问题。

2007 年 3 月，王三妮的老伴患肾结石做了肾切除手术，治疗费一共花去 4000 多元，通过新农合补贴了 2200 多元，自己花了 2000 元左右。事后，王三妮说："之前看病全部自己掏钱，是个大负担，新农合实施后，这不再是难题了。"

新时代以来，以习近平同志为核心的中共中央秉承"没有全民健康，就没有全面小康"的思想，推行"健康中国战略"，医疗卫生建设事业有了整体性的提升。医疗卫生领域的改革以基层为重点，坚持以预防为主，中西医并重，提倡人民共建共享。习近平提出："要重视重大疾病防控，优化防治策略，最大程度减少人群患病。"着力推进基本医疗卫生制度建设，努力在分级诊疗制度、现代医院管理制度、全民医保制度、药品供应保障制度、综合监管制度、基本医疗卫生制度建设上取得突破；要推动中医药发展，实现中医药健康养生文化的创造性转化、创新性发展；关爱医务人员身心健康，增强其职业荣誉感，营造尊医重卫的良好风气等；完善医疗保障制度，实现医保省级统筹，减少"大处方""大检查"等过度医疗现象以及异地就医直接结算等。这些改革措施是医改走向纵深的关键步骤，也是促进医疗卫生领域社会公平的重要步骤。基本医疗卫生制度的完善，不仅与社会公平紧密相连，也与扶贫工作息息相关。重大疾病是群众返贫的重要原因，近几年来，政府按照"大病集中救治一批、慢病签约服务管理一批、重病兜底保障一批"的思路，实施健康扶贫工程，措施到人，精准到病，目前也采取了分类救治的措施。医疗保障体系逐步完善。对医疗卫生投入持续增长，城乡居民大病保险全面推开。"没想到得了那么大的病，自己才花了不到 1 万元。"汪能保是安徽金寨县花石乡大湾村的贫困户，2017 年 10 月查出胃癌。他到安徽医科大学第一附属医院做了手术，先后住院 9 次，医药费总计 9.7 万元，个人自付仅 9300 多元。

健全医疗保障体系不仅需要政府协调好卫生和社会保障两部门之间的权责关系，同时还要引入社会力量参与其中。引导社会力量参与其中不仅有利于增加医疗卫生资源供给，从而更加灵活有效地满足社会实际需要，也体现了政府在社会治理过程中角色的转变。在加大政策扶持的同时，引入市场机制参与资源配置，消除体制机制障碍，催生更多健康新产业、新模式，使之形成健康产业促进国民经济发展，同时更大范围内满足民生需要。坚持以政府主导为前提，放宽市场准入、人才流动和大型仪器设备购置限制，加强医疗服务行为监管，深化相应制度改革，引入一定的市场竞争机制来为医疗卫生行业注入活力，从而推动医学领域创新机制的形成和完善。改革开放 40 年来，医疗卫生支出比重逐步上升。1978 年医疗卫生支出占 GDP 的比例为 3%，1988 年为 3.2%，1998 年为 4.3%，2008 年为 4.5%，2017 年为 6.2%。随着政府、社会对医疗卫生投入持续增长，卫生总费用结构不断优化。自 2001 年以来，个人卫生支出占卫生总费用的比重持续下降，2001 年为 60.0%，2017 年降至 28.8%。

中共十九大提出"健康中国战略"，首先要解决的就是病有所医这块硬骨头。社会主要矛盾的转变，实际上体现在社会生活各个方面，而医疗卫生方面"不平衡、不充分"问题十分凸显。医疗条件供给，存在着资源过分集中于经济较发达地区的问题，因此，直接针对贫困地区、贫困县进行对口支援、免费培养当地的医疗卫生人才成为非常重要的举措。让专家团队下沉到基层医院，在为当地群众精心诊治的同时，再为基层留下了一支"带不走"的医疗队伍，实现从"病有所医"到"病有良医"的转变。中共十九大指出，人民健康是民族昌盛和国家富强的重要标志。要完善国民健康政策，为人民群众提供全方位全周期健康服务。深化医药卫生体制改革，全面建立中国特色基本医疗卫生制度、医疗保障制度和优质高效的医疗卫生服务体系，健全现代医院管理制度。加强基层医疗卫生服务体系和全科医生队伍建设。全面取消以药养医，健全药品供应保障制度。坚持以预防为主，深入开展爱国卫生运动，倡导健康文明生活方式，预防控制重大疾病。实施食品安全战略，让人民吃得放心。坚持中西医并重，传承发展中医药事业。支持社会办医，发展健康产业。

40 年来，随着卫生事业和医疗保障工作的不断发展，中国人民健康水平得到了整体性的提高，人民群众的社会安全感也随之提升。中国人的平均寿命已经实现由 1953 年的 34.91 岁增长到 2017 年人均预期寿命 76.7 岁。人民对自身生命健康的安心是社会安定的基本前提，是一切治理工作能够开展的基础。医疗设施和社会保障带来的公平感，有利于民众自觉建立对社会的认同感，更加主动地参与到社会事务中来，从而形成和谐的社会氛围，实现真正的发展。

建立健全社会保障

加强社会建设，必须建立起覆盖全民的社会保障体系。社会保障是广大人民群众的安全保障网，目的在于解决劳动者在养老、医疗、工伤、失业等方面的后顾之忧，是衡量经济发展水平和社会进步程度的重要标志。改革开放以前，中国在高度集中的计划经济条件下形成的社会保障体制极不健全、覆盖面较窄。如，在农村，老年、残疾或者未满 16 周岁的村民，无劳动能力、无生活来源又无法定赡养、抚养、扶养义务人，或者其法定赡养、抚养、扶养义务人无赡养、抚养、扶养能力的,享受农村五保(即保吃、保穿、保住、保医、保葬,简称"五保")供养待遇,但能享受五保供养的人群极少。改革开放以来,伴随社会转型与经济体制改革的不断深入,企业制度和劳动制度的改革不断深化,社会保障制度也被作为深化改革的一项重要内容而不断发生变革,也逐步从国家、单位转向了市场,并呈现出阶段性递进的特点。

1978 年是中国发展进程中特别重要的一年,也是中国社会保障制度变迁最为重要的一年,干部和工人离退休制度有了法律保障。当年 5 月 24 日,第五届全国人民代表大会常务委员会第二次会议批准《国务院关于安置老弱病残干部的暂行办法》,规定了不同级别老弱病残干部的安置原则,规定了干部的退休年龄、退休费发放标准以及住房问题等。

1992 年,中共十四大吹响了建立社会主义市场经济体制的号角。1993 年,中共十四届三中全会通过的《中共中央关于建立社会主义市场经济体制若干问题的决定》,提出建立多层次的社会保障体系。中共十五大进一步提出:建立社会保障体系,实行社会统筹和个人账户相结合的养老、医疗保险制度,完善失业保险和社会救济制度,提供最基本的社会保障。这些方针政策在社会保障制度的改革过程中得到了充分体现,尤其在失业与养老保障、城乡社会救济等各领域中得到深化。

改革开放以来社会保障体系的重建,是伴随着城市经济体制改革特别是国有企业改革逐步展开的。随着改革的深入,社会保障制度改革日益显现出社会化的趋向。近年来,社会保障制度建设作为改善民生的基础工程受到前所未有的重视,也取得了突出的成就。经过这些年各项工作的不断推进,各领域的社会保障制度改革取得明显进展,改革成效值得充分肯定。如农村五保供养方面有了很大的突破。2006年修订了农村五保供养工作条例，标志着五保供养由农民集体互助共济向以政府财政保障为主的历史性转变，破天荒地让这部分最困难、最无助的农民吃上了"皇粮"。再如，最低生活保障制度得到有效实施。最低生活保障制度事关困难群众衣食冷暖，事关社会和谐稳定和公平正义，是维护困难群众基本生活权益的基础性制度安排。

中共十八大以来，习近平多次就民生问题发表重要论述，不仅深刻阐释了保障和改善民生的重要意义，而且强调指出当前和今后一段时期民生工作的着力点就是将广大人民群众凝聚到追求幸福中国的目标上来，全面推进社会保障体系建设，保障项目日益完备，制度运行安全有序，保障水平稳步提高，人民群众更多地分享到经济社会发展成果。习近平强调，我们党和政府做一切工作的出发点、落脚点都是让人民过上好日子。中共十八大报告指出要"统筹推进城乡社会保障体系建设"，有效引领了社会保障建设的实践。2018年6月29日，北京市人力社保局宣布，从9月1日起上调最低工资标准，由当时的每月2000元调整为2120元，一共增加120元。近年来，随着各项相关配套政策的陆续出台，最低生活保障制度在惠民生、解民忧、保稳定、促和谐等方面作出了突出贡献，有效保障了困难群众的基本生活。通过近年来的探索与努力，已初步形成与社会主义市场经济体制相适应的社会保障制度框架。社会保险覆盖范围不断扩大，社会福利的社会化进程加快，保障了各类困难群体的基本生活，对缓和社会矛盾起到了一定的作用，在一定程度上促进了社会的和谐与稳定。但同时也需要看到的是，社会保障制度建设还处在完善阶段：政府在社会保障方面的投入还比较低；养老保险统筹层次偏低，不同地区养老保险权益不统一；全社会的慈善意识比较薄弱，善款捐助数量仍比较少；社会保险的覆盖范围还有待进一步扩大，农村社会养老保险处在探索阶段；对贫困人口的社会救助范围较小以及社会福利社会化面临着繁重的改革任务等问题仍然存在。

老龄化社会的到来，给养老保障制度建设和医疗保健事业发展带来压力。这就要求整个社会的养老资金支出、社会保障制度设计、配套基础设施建设以及养老服务体系构建等都要跟上社会的发展步伐。对于人口老龄化所带来的养老问题，社会上的呼声越来越高。习近平指出，满足数量庞大的老年群众多方面需求、妥善解决人口老龄化带来的社会问题，事关国家发展全局，事关百姓福祉。"十三五"规划纲要明确提出，要"加强顶层设计，构建以人口战略、生育政策、就业制度、养老服务、社保体系、健康保障、人才培养、环境支持、社会参与等为支撑的人口老龄化应对体系"。这是中共中央在"十三五"期间为应对人口老龄化作出的重大战略性制度安排，也是适应经济社会发展作出的一项重大民生举措。

据世界卫生组织预测，到2050年，中国将有35%的人口超过60岁，成为世界上老龄化最严重的国家。而且中国的老龄化拥有两个世界第一：一是老龄人口数量世界第一；二是老龄化速度世界第一。截至2015年末，60岁及以上老年人口数量达到2.2亿人，居世界首位，占世界老年人口总量约1/4。而且2.2亿的老龄人口中有4000多万人是失能、半失能的老人。据有关部门预测，到2035年老年人口将达到4亿人，失能、半失能的老人数量会进一步增多。中国的老龄化问题已十分突出，必然引起党和国家的高度重视以及社会的广泛关注。

2014年2月21日，国务院按照中共十八大精神和十八届三中全会关于整合城乡居民基本养老保险制度的要求，依据《中华人民共和国社会保险法》的有关规定，在总结新型农村社会养老保险和城镇居民社会养老保险试点经验的基础上，决定将新农保和城居保两项制度合并实施，在全国范围内建立统一的城乡居民基本养老保险制度，出台了《关于建立统一的城乡居民基本养老保险制度的意见》，计划在 2020 年前，全面建成公平、统一、规范的城乡居民养老保险制度，与社会救助、社会福利等其他社会保障政策相配套，充分发挥家庭养老等传统保障方式的积极作用，更好保障参保城乡居民的老年基本生活。截至 2015 年上半年，全国参加基本养老、基本医疗、失业保险、工伤保险、生育保险人数分别为 8.46 亿人、6.56 亿人、1.71 亿人、2.08 亿人、1.76 亿人。2014 年，养老保险领取养老金人数 2.3 亿人，企业退休人员基本养老金自 2005 年开始到 2015 年已经连续上调 11 年。养老服务业发展的相关政策机制愈加完善，政府在重视并逐步加大资金和政策投入的同时，鼓励社会资本参与养老服务业建设，并引入市场机制建设养老服务业。如，四川省是全国人口老龄化程度较高的省份，老龄化程度在全国第六次人口普查数据中居全国第二位，人口老龄化趋势明显。对此，四川省制定了《四川省养老与健康服务业发展规划（2015—2020 年）》，计划到 2020 年，全省养老服务设施覆盖所有城市社区、90% 以上的乡镇和 60% 以上的农村社区。在具体实践中，四川省养老服务业引入市场机制，不仅开展了"一键呼叫"业务，在城区，老人每月还可以领到养老服务券，享受家电维修、家政服务等上门服务。在老人家中安装"长者通"，求助中心可以帮助老人直接进行医院挂号等服务。政府出资向老人发放养老服务券，由第三方平台提供相关服务，直接方便老人的日常生活，很多老人表示"子女在外地也不用担心我们了"。同时四川省将医疗机构与社区对接、医生与老人家庭对接，开展签约服务，让老年人就近享受低价优质的基本医疗。这些通过企业参与、社区合作的方式解决养老问题，使养老工作更加符合老人的实际需求，让他们直接感受到政府和社会的关怀，使其子女可以更加安心地工作，通过小家的和谐带来社会的和谐，实现了有效的社会治理。

近年来，党和国家对人口老龄化以及由此带来的养老问题保持一如既往的重视。为保障和改善民生，中共十九大明确提出"老有所养"和"健康中国战略"思想，积极应对人口老龄化，构建养老、孝老、敬老政策体系和社会环境，推进医养结合，加快老龄事业和产业发展。但我们还要看到，社会保障体系还不够完善，城乡社会保障发展还不平衡。面对新时代新要求，中共十九大报告对发展社会保障事业作出了全面部署，这些部署夯实了民众的预期，中国的社会保障制度建设正在一步步迈向幼有所育、学有所教、劳有所得、病有所医、老有所养、住有所居、弱有所扶的普惠性社会保障目标。

坚持优生优育

人类自身的生产与再生产，关系到一个民族、一个国家的兴衰。改革开放伊始，中国人口状况呈现出较为显著的 3 个方面的特征：一是人口基数大。1978 年，全国人口超过 96259 万人。二是增长速度快。1978 年，人口自然增长率为 12%。改革开放前 30 年的平均自然增长率仍高达 20%。三是年轻型人口年龄结构较为明显。据抽样调查推算，1978 年 15 岁以下人口占 35.6%，15—19 岁人口占 27.8%。这三方面的特征都预示着中国人口将在改革开放初期进入一个高增长时期。

"人多是中国最大的难题。"邓小平指出，在发展生产的同时，还要有计划地控制人口增长。作为对策，实行计划生育可以使中国更快地发达起来。他说："中国对人口增长实行严格控制，是从自己国家人民的利益出发的……这是中国自己的一项重大战略决策。""现在全国人口有九亿多，其中百分之八十是农民。人多有好的一面，也有不利的一面。在生产还不够发展的条件下，吃饭、教育和就业就都成为严重的问题。"1978 年 10 月 26 日，中共中央批转《关于国务院计划生育领导小组第一次全体会议的报告》。该报告提出，"提倡一对夫妇生育子女数最好一个，最多两个。生育间隔三年以上。"1979 年 12 月 19 日，国务院副总理、国务院计划生育领导小组组长陈慕华在全国计划生育办公室主任会议上说："提倡一对夫妇最好生一个孩子是我们计划生育工作的着重点转移。过去我们说最好一个，最多两个，现在提出来最好一个，后面那个最多两个没有了。这是目前人口发展中的一个战略性要求。"

计划生育政策的实行使家庭结构日益核心化。1980 年以后，中国妇女的生育数量大幅下降，从而导致家庭户规模的缩小和小家庭比重的上升。当一个社会的产业结构、所有制结构、城乡结构、职业结构、教育结构发生巨大变化时，人们的价值观及生活方式也随之更新。上述种种变化都会深深影响人们的婚姻观念与家庭生活模式。国家自上而下的改革会改变基层社会的形貌。反过来，基层社会的种种变化也会自下而上推动顶层制度的变革。面对人口控制政策的调整及婚姻家庭领域内发生的诸多变化，婚姻法的修订提上日程。1980 年 9 月 10 日，第五届全国人民代表大会第三次会议通过并公布《中华人民共和国婚姻法》，提出"夫妻双方都有实行计划生育的义务"。此后 20 多年时间内计划生育政策没有大的变化。2001 年 12 月 29 日，第九届全国人民代表大会常务委员会第二十五次会议通过了《中华人民共和国人口与计划生育法》，其中第十八条规定"国家稳定现行生育政策，鼓励公民晚婚晚育，提倡一对夫妻生育一个子女"。

实践证明，中国坚持不懈地实行计划生育的基本国策，对建设中国特色社会主义、实现国家富强和民族振兴产生了巨大影响，为促进世界人口与发展发挥了重要作用。但同时中国人口发展也呈现出前所未有的复杂局面，到 21 世纪上半叶，中国将迎来总人口、劳动年龄人口和老年人口高峰。为及时应对新的历史环境下产生的新问题，党和政府对长期发展规划进行调整，计划生育政策逐步放宽开始酝酿。2012 年，中共十八大报告指出，"坚持计划生育的基本国策，提高出生人口素质，逐步完善政策，促进人口长期均衡发展"。从而加快了生育政策调整的步伐。

2013 年 11 月 12 日，中共十八届三中全会通过了《中共中央关于全面深化改革若干重大问题的决定》，该决定提出，"坚持计划生育的基本国策，启动实施一方是独生子女的夫妇可生育两个孩子的政策"。12 月 28 日，第十二届全国人民代表大会常务委员会第六次会议审议了国务院关于调整完善生育政策的议案，作出《全国人民代表大会常务委员会关于调整完善生育政策的决议》。12 月 30 日，中共中央、国务院印发《关于调整完善生育政策的意见》，启动实施一方是独生子女的夫妇可生育两个孩子的政策。由此，该项政策在地方逐步展开。2014 年 1 月 17 日，浙江省人大常委会公布《关于修改〈浙江省人口与计划生育条例〉第十九条的决定》，成为首个实施"单独两孩"政策的省份。此后各省、自治区、直辖市相继修改人口与计划生育条例，实施"单独两孩"政策。在相对短时间内，"单独两孩"政策在全国范围内得到了普遍施行。

经过人口、经济社会、资源环境领域专家和计生部门、相关部门的讨论研究和调研，经多方案测算和研究论证，有研究者认为"全面两孩"政策不会导致人口暴涨，同时预计在 2030 年前后，总人口达到 14.5 亿人的峰值，到 21 世纪中叶中国人口总量仍将保持在 13.8 亿人左右，人口众多的基本国情不会根本改变。在此背景下，2015 年 10 月召开的中共十八届五中全会明确提出，"促进人口均衡发展，坚持计划生育的基本国策，完善人口发展战略，全面实施一对夫妇可生育两个孩子政策，积极开展应对人口老龄化行动"。12 月 27 日，第十二届全国人民代表大会常务委员会第十八次会议修正《中华人民共和国人口与计划生育法》。修订后的《中华人民共和国人口与计划生育法》共 7 章 47 条，其中第十八条修改为"国家提倡一对夫妻生育两个子女"。12 月 31 日，中共中央、国务院发布《关于实施全面两孩政策改革完善计划生育服务管理的决定》，从 2016 年 1 月 1 日起开始全面实施一对夫妻可生育两个孩子政策。中国由此进入"全面两孩"政策时代。根据国情、社情的变化进行的调整和完善，是历史的必然也是现实诉求的理性选择。一方面，"全面两孩"政策给育龄夫妻带来了更多的生育选择，使人口政策更体现人性化；另一方面，生育政策的调整也会带来各种社会效应，如家庭关系、代际关系、择偶观等都会受到一定程度的影响，并且直接触发一些现实问题，如养老问题、教育资源、医疗资源等社会领域里的问题。"全面两孩"政策作为一项长远的决策，将会长期对中国社会建设产生决定性影响。

中共十八大以来，党和政府对人口政策的两次调整，既是对新的历史阶段作出的重要反应，也是政策延续性的一种表现。中共十九大对于人口发展战略也作出了部署，报告指出，促进生育政策和相关经济社会政策配套衔接，要加强人口发展战略研究。这预示着生育政策的改革绝非一蹴而就，人口发展战略要在总体的目标下不断作出具体调整，以适应不同时代不同阶段的经济社会发展战略要求。改革开放40年来的人口政策调整，在有效遏制人口的过快增长的同时，实实在在促进了社会的发展。

改革开放40年来，中国社会建设领域发生的翻天覆地的变化得益于"制度创新"这一发展引擎。40年来，不断推进社会治理创新，在城市推行"网格化"管理，社会治理水平明显提高。不断健全就业制度体系，就业问题得到较好解决，1978—2017年，就业人员从40152万人增加到77640万人，年均增加961万人。第三产业逐渐成为吸纳就业的主渠道。2017年末，第二、第三产业就业人员占比分别为28.1%和44.9%，比1978年末提高10.8个和32.7个百分点。不断推进收入分配体制改革，城乡居民收入大幅度增长，1978年，全国居民人均可支配收入仅171元，2017年达到25974元，扣除价格因素，比1978年实际增长22.8倍，年均增长8.5%。迈入新时代，还会不断面临社会建设领域的新矛盾，还需要通过改革体制机制继续改善民生，在教育、医疗、社保等方面继续提高供给水平，让公平正义之光普照，不断增强人们的幸福感和获得感。

六、建设生态文明

把环境保护作为国策

实施可持续发展战略

推动人与自然和谐发展

绿水青山就是金山银山

环境保护"这一手"硬起来

因《世界是平的》一书闻名中国的托马斯·弗里德曼指出，中国人民的发言越来越轻松，但呼吸却越来越困难。经济增长绝不是一顿"免费的午餐"。经过 40 年高速发展，中国取得举世瞩目的经济社会成就，但中国发展的环境代价正在日渐显露。美国作家罗伯特·劳伦斯·库恩博士曾指出，全世界 20 个重污染城市，中国占了一半，交通堵塞、尾气污染，都成了中国不堪重负的问题。中国曾经引以为豪的地大物博、资源众多，也变成了"地小微薄"、资源短缺。尽管中国在 20 世纪 90 年代就开始实施可持续发展战略，但时常出现的雾霾天气，影响着人们的自由呼吸，也时刻警醒中国要下大力气加强生态文明建设。中共十八大以来，习近平提出既要金山银山更要绿水青山，把生态建设纳入总体布局，大力推进生态文明建设体制改革，开始了中国历史上最大规模的生态文明建设。

把环境保护作为国策

1962 年，美国女生物学家蕾切尔·卡森在癌症病痛的折磨中完成了《寂静的春天》，书中揭露了杀虫剂、除草剂对人类的影响，该书出版后引起激烈争论。曾任美国副总统的戈尔评价该书是一个丰碑，它比思想的力量、政治家的力量更强大。该书出版后，不但政治家、企业家，而且普通民众都日益关心环境问题。

作为地球村的一分子，中国早就体会到环境的珍贵。20 世纪 70

年代，中国首都北京市主要水源地——官厅水库污染就是一个典型例子。1971 年末，官厅水库开始发现漂有大量泡沫，水色浑黄有异味。1972 年 3 月，北京市场出售的来自官厅水库的鲜鱼有异味，食用之后人出现头痛、恶心、呕吐等中毒症状。库水有药味，食用后除有相似中毒症状外，由于饮水含氟高，导致患关节炎掉牙的多。卫生部门上报这些情况后，周恩来对此非常重视，要求立即查清事件原因。国家计委和建委组成的调查组于 1972 年 4 月开始调查。根据大量调查事实和分析数据，确定"官厅水库的死鱼事件是由于上游工厂排放污水引起来的"。化验表明，水库水质有恶化趋势。随后周恩来作出批示，要求成立领导小组，开展污染治理，尽快改变被污染的现状。这实际上拉开了中国生态环境保护的序幕。

1978 年 12 月 18 日至 22 日召开的中共十一届三中全会正式决定把全党工作的着重点和全国人民的注意力转移到社会主义现代化建设上来，确立了"以经济建设为中心"的基本路线。这体现了在中国生产效率低下、人民生活贫苦的困境中，中国人民渴望变革的迫切愿望。经济发展是把双刃剑，过于快速的工业化导致了中国环境污染加剧。邓小平深刻意识到制度对保护生态环境的必要性，指出保护生态环境不能只依靠自觉，还必须明确对环保的态度，建立相关机构，构建严密的环境法律制度。

把环境保护作为一项基本国策。1978 年，中共中央在批转国务院环保领导小组工作汇报时指出，消除污染、保护环境是进行社会主义建设、实现"四个现代化"的重要组成部分，我们绝不能走先污染、后治理的弯路。1983 年底 1984 年初，中共中央召开第二次全国环境保护会议，会上宣布将环境保护确定为基本国策。根据这次会议精神，1984 年国务院发布了《关于环境保护工作的决定》，明确提出：

保护和改善生活环境和生态环境，防治污染和自然环境破坏，是我国社会主义现代化建设中的一项基本国策。

抓环保法治要先行。1978 年《宪法》明确作出"国家保护环境和自然资源，防治污染和其他公害"的规定。1979 年，五届全国人大常委会第十一次会议原则通过了《中华人民共和国环境保护法（试行）》。此后，环境立法进入"快车道"。在 20 世纪 80 年代制定了《海洋环境保护法》《水污染防治法》《森林法》《草原法》《矿产资源法》《土地管理法》《渔业法》《水法》《大气污染防治法》等一系列关系环境的法律。与此同时，启动了环境保护法的制定工作。1980 年成立《环境保护法（试行）》修订领导小组，聘请了北京大学、武汉大学、中国社会科学院、中国政法大学的专家学者，开始修法工作。修法工作几经波折，数度停顿，进展十分缓慢，一个最重要的因素是对《环境保护法（试行）》定位的纠结，在环境保护单行法陆续出台的情况下，是否有必要修改《环境保护法（试行）》，甚至对该法是否还有必要存在的争论从未停止。1989 年 12 月 26 日，争议终于尘埃落定，七届全国人大常委会第十一次会议通过了《中华人民共和国环境保护法》。应该说这部环保法制定时，中国刚刚进入经济快速发展期，从政府到民间发展经济的愿望都十分强烈，环境保护虽然被提到了新的高度，但未能改变中国过快发展经济的迫切要求，也没有充分发挥出环保法的作用。

保护环境，必须有相应机构。1982 年 5 月，五届全国人大常委会第二十三次会议决定，将国家建委、国家城建总局、建工总局、国家测绘局、国务院环境保护领导小组办公室合并，组建城乡建设环境保护部，部内设环境保护局。1984 年 5 月，国务院决定成立环境保护委员会，专门负责协调各部门间的环保问题。12 月，城乡建设环境保护部环境保护局改为国家环境保护局，仍归城乡建设环境保护部领导，同时也是国务院环境保护委员会的办事机构，主要任务是负责全国环境保护的规划、协调、监督和指导工作。1988 年 7 月，将环保工作从城乡建设部分离出来，成立独立的国家环境保护局，明确为国务院综合管理环境保护的职能部门，作为国务院直属机构，也是国务院环境保护委员会的办事机构。中国自此有了专门抓环保的机构。

实施环保，要抓重点。1978 年 11 月 25 日，启动了"三北"（东北、华北、西北）防护林工程（以下简称"三北"工程）。实施这项工程，是对子孙后代负责，对中华民族可持续发展的一种担当。该工程范围涉及 13 个省、自治区、直辖市，加上新疆生产建设兵团，共 600 多个县，面积约 406.9 万平方公里，覆盖了国家的将近半壁河山。这项工程 40 年来经过五期实施，造林面积大量增加，共完成造林面积 4.3 亿亩以上，约 2900 万公顷，森林覆盖率由过去的 5.05% 提升到 13.02%。"三北"工程建设至今 40 年，成效十分显著。一是风沙得到了有效治理，过去每年沙尘暴平均 5 次到 8 次，现在几乎见不到了。二是水土流失得到有效治理。"三北"工程治理的水土流失面积达到 38 万平方公里，重点治理的黄土高原水土流失治理面积达到 23 万平方公里，占黄土高原面积的 50%。黄河的水没有过去那么浑浊了，含沙量确实大大减少了。三是三北地区百姓收入明显增加。"三北"工程区域，特别是宁夏、甘肃、河北、内蒙古、山西等光热条件比较好的地区，有很好的发展特色经济林的基础。据测算，现在一年经济林的产出有 1200 多亿元。

实施可持续发展战略

1987 年，世界环境与发展委员会发表《我们共同的未来》报告，在世界上第一次提出可持续发展理念。1992 年，联合国环境与发展大会发布《里约宣言》和《21 世纪议程》，正式提出走可持续发展道路。1992 年，中国国务院总理李鹏率团参加了联合国环境与发展大会，并代表中国政府作出了履行《21 世纪议程》等文件的承诺。

随后，中国政府组织 52 个部门、300 余名专家编制《中国 21 世纪议程》。1994 年 7 月，国务院颁布了《中国 21 世纪议程——中国 21 世纪人口、环境与发展白皮书》，明确中国实施可持续发展战略，并要求各级政府和部门将其作为制定国民经济和社会发展计划的指导性文件。在 1995 年举行的中共十四届五中全会上，江泽民提出将人口、资源、环境工作纳入依法治理的轨道之中，卓有成效地把环境法律制度建设提高到一个新的水平上，使中国特色社会主义生态环境保护制度建设迈入新阶段。

20 世纪 90 年代以后，随着社会主义市场经济的飞速发展，国内经济形势发展良好，环境法制工作也取得了长足的进步，初步形成了符合市场经济发展体制的环境法律和标准体系，环境保护逐步走上制度化道路。1996 年，在第四次全国环境保护会议上第一次明确提出了"保护环境的实质就是保护生产力"的科学论断，将环境保护提升至国家战略层面的高度，明确了保护环境与发展生产力处于同等重要的地位。1997 年，江泽民在中央计划生育和环境保护会议上的讲话中，指出："我国已经初步建立了符合国情的环境保护法律体系。"1998 年，江泽民在中央计划生育和环境保护会议上的讲话中突出强调了环境保护制度化的要求，指出："要把环境保护工作纳入制度化、法制化的轨道"，这也是我国依法治国的发展战略的重要表现。2000年，江泽民在中央人口资源环境工作座谈会上就人口资源环境问题发表重要讲话，指出："我们要不断完善社会主义市场经济体制下的环境保护法律体系，为加强环境工作提供有力的法律武器。"对保护环境提供有力的法律保障，促进人口、资源、环境工作走上法制化、制度化、规范化、科学化的轨道。

这一阶段，加快了有关环境保护的立法，环境保护法律法规体系日益完善，不仅颁布了《中华人民共和国环境保护法》《中华人民共和国大气污染防治法》《中华人民共和国森林法》《中华人民共和国海洋环境保护法》《中华人民共和国水污染防治法》等多部法律，而且在《中华人民共和国刑法》中增加了"破坏环境和资源保护罪"，坚决严格惩处破坏资源环境的行为，从立法及执法上完善了我国环境保护的法律体系。

尽管大力实施可持续发展战略，并为此配套出台了不少法律，"十五"计划（2001—2005年）还首次提出主要污染物排放总量减少的目标，但在政绩冲动下，环保实际效果不是特别明显。大江大河大湖污染比较突出，沙漠化现象没有得到根本遏制。北京作为首都，在新旧世纪之交，沙尘暴天气达到猖狂地步。尤其是春天一来，沙子随风起舞，大街上都是戴纱巾、戴墨镜出行的人。大风过后，可谓"满城尽带黄金甲"。这表明，中国的环境保护事业任重道远。美国布鲁金斯学会约翰·桑顿中国中心主任、著名中国问题专家李侃如曾指出，缺水和污染、可耕地的流失以及其他环境挑战，正在把一种可观的直接成本强加给中国的经济增长，"中国的状况在许多方面已经到了一个危机的阶段"。

推动人与自然和谐发展

21 世纪初，中国面临的环境问题依然十分严峻。

据环境保护部网站的数据，中国单位 GDP 能耗是发达国家的 8 倍到 10 倍，污染是发达国家的 30 倍，劳动生产率是发达国家的 1/30。化学需氧量排放是全世界第一，二氧化硫排放量是全世界第一，碳排放量是全世界第一。江河水系 70％ 受到污染，40％ 受到严重污染，流经城市的河段普遍受到污染，城市垃圾无害化处理率不足 20％，工业危险废物化学物质处理率不足 30％。3 亿多农民喝不到干净的水，4 亿多城市人口呼吸不到干净的空气，其中 1/3 的城市空气是严重污染。世界空气污染最严重的 20 个城市，中国占了 16 个。1/3 的国土被酸雨覆盖，几乎到了"逢水必污、逢河必干、逢雨必酸"的地步。近年来，更是重大环境污染事件频发，松花江污染、太湖蓝藻事件、云南滇池污染、重金属污染致病等严重影响了百姓的生活，血铅病、癌症在一些地区集中出现，给群众身体健康带来严重危害，直接酿成社会群体事件。环境问题已经成为群体性事件的重要诱发因素，对社会和谐稳定构成直接威胁。

从资源方面看，中国石油对外依存度已超过 55％；铁矿石等重要矿产资源对外依存度都在 55％以上；全国年缺水量超过 500 亿立方米，2/3 的城市缺水，大江大河特别是黄河、海河、淮河、辽河以及西北内陆河区水资源开发利用已接近或超过承载能力；耕地面积已接近 18 亿亩红线，而城镇化的速度却在大步迈进。

生态系统退化，水土流失严重，水土流失面积占国土面积的

37%，沙化土地面积占 18%，石漠化面积占 1.3%，80% 以上的草原不同程度退化。由于滥采滥挖，过度抽取地下水，地面沉陷面积加大，有的产煤大省，不少地下已经采空，威胁着当地居民居住安全。生态多样性锐减、生态系统抵御自然灾害能力脆弱。频繁发生的山体滑坡、泥石流、塌陷等表明，中国生态何其脆弱！

之所以面临如此严重的生态问题，主要和多年来较多关注 GDP 增长、没有树立全面协调可持续的科学发展理念有关，和过多依赖粗放型增长、没有落实好转变经济发展方式思想有关，和以 GDP 为核心的政绩导向的评价体制有关。

面对国内触目惊心的生态问题和来自国际上的压力，党和政府不仅提出要科学发展，强调发展要全面协调可持续，人与自然和谐相处，实现了发展理念的重大创新，而且还强调重在建设。2002 年 11 月，中共十六大报告把实施可持续发展战略，实现经济发展和人口、资源、环境相协调写入了中国共产党领导人民建设中国特色社会主义必须坚持的基本经验，强调实现全面建设小康社会的宏伟目标，必须使可持续发展能力不断增强，生态环境得到改善，资源利用效率显著提高，促进人与自然的和谐，推动整个社会走上生产发展、生活富裕、生态良好的文明发展道路。这说明已经开始形成建设生态文明的初步理念。2007 年 10 月，中共十七大报告首次把生态文明写入党的报告，把"建设生态文明"作为实现全面建设小康社会奋斗目标的新要求之一，并明确指出："基本形成节约能源资源和保护生态环境的产业结构、增长方式、消费模式。循环经济形成较大规模，可再生能源比重显著上升。主要污染物排放得到有效控制，生态环境质量明显改善。生态文明观念在全社会牢固树立。"这是中国共产党在深入探索和全面把握我国发展规律基础上确定的重要战略任务，也是从中国

实际出发提出的生态文明建设的正确路径。2007 年，中共十七大中
"五项新要求"赋予生态文明建设与政治建设、经济建设、文化建设、
社会建设同等的地位。2012 年，中共十八大首次把生态文明建设放
在突出位置，要求贯穿在政治、经济、文化、社会方方面面，并就如
何加强生态文明建设作出了重要部署。

从上到下，环保意识逐渐增强。黑龙江省拜泉县地处世界三大
黑土带之一，俗称"北大荒"。拜泉县旧名巴拜泉，蒙古语巴拜布拉
克，"巴拜"意为"宝贝""贵重的"，"布拉克"意为"泉水"，合称
为"宝贵的泉水"，是水草丰美之地。随着过度开发，风剥地、侵蚀
沟随处可见，严酷的自然环境已经威胁到拜泉人民的生存。拜泉县
在多次摸索之后，以小流域为治理单元，采用"十子登科法"即山
顶栽松戴帽子、梯田埂种苕条扎带子、退耕种草铺毯子、沟里养鱼
修池子、坝内蓄水养鸭子、坝外开发种稻子、瓮地栽树结果子、平
原林网织格子、主体开发办场子、综合经营抓票子，以河渠、沟系
绿化为重点，坚持生物、工程、农艺等措施相结合。自 2000 年以
来，拜泉营造以樟子松为主的针叶林接班林，全县共营造针叶树林
带 8000 多条 11 万多亩，栽植 4 年生樟子松容器苗 1200 多万株，形
成了以具有拜泉特色的农防林、水保林为主体，乔灌草、网带片相
结合的循环生态经济型防护林体系。拜泉县村民温尽庄说："现在村
里都变了，日子好过了。经过几十年的土地整治，黑土地又回来了。
黑土层由原来三十公分以下，转变到六十公分左右。我们一家 5 口
人，种了 40 多亩大豆，60 多亩玉米，现在每亩地产大豆 300 多斤，
产玉米 1500 斤，产量增长了 10 倍，平均年收入有 2 万多元。以前
在外地打工的村民，也都回家乡致富了。"这既改善了环境，也改善
了生活。

绿水青山就是金山银山

随着社会发展和人民生活水平的提高，中国人对于干净的水、清新的空气、安全的食品、优美的环境等要求越来越高，生态环境在群众生活幸福指数中的地位不断凸显，环境问题日益成为重要的民生问题，老百姓过去"盼温饱"，现在"盼环保"；过去"求生存"，现在"求生态"。针对人民日益增长的美好生活需要尤其是生态环境的需要，习近平反复强调，环境就是民生，青山就是美丽，蓝天也是幸福，绿水青山就是金山银山；像保护眼睛一样保护生态环境，像对待生命一样对待生态环境；绝不能以牺牲生态环境为代价换取经济的一时发展。中共十八大以来，党和政府把生态文明建设摆在改革发展和现代化建设全局位置，坚定贯彻新发展理念，不断深化生态文明体制改革，推进生态文明建设的决心之大、力度之大、成效之大前所未有，开创了生态文明建设和环境保护的新局面。

加强环保，理念先行。改革开放以来，之所以一段时期内生态文明建设没有切实抓紧抓实，一个主要原因就是生态理念转变不够到位。中共十八大以来，习近平把生态文明建设作为中国特色社会主义总体布局重要内容，提出人与自然是生命共同体，人类必须尊重自然、顺应自然、保护自然。提出社会主义现代化是人与自然和谐共生的现代化，既要创造更多物质财富和精神财富以满足人民日益增长的美好生活需要，也要提供更多优质生态产品以满足人民日益增长的优美生态环境需要。必须坚持以节约优先、保护优先、自然恢复为主的方针，形成节约资源和保护环境的空间格局、产业结构、生产方式、生活方式，努力建设望得见山、看得见水、记得住乡愁的美丽中国。习近平关于绿水青山就是金山银山的论述，为建设生态文明提供了根本遵循。绿水青山是人民幸福生活的重要内容，是金钱不能替代的；绿水青山和金山银山绝不是对立的，关键在人、关键在思路。一些地方生态环境资源丰富又相对贫困，更要通过改革创新，探索一条生态脱贫的新路子，让贫困地区的土地、劳动力、资产、自然风光等要素火起来，让资源变资产、资金变股金、农民变股东，让绿水青山变金山银山。

浙江安吉的余村是"既要金山银山又要绿水青山"，即"两山论"的重要发源地，也是"两山论"的实践地，更是"两山论"的受益者。2005 年 8 月 15 日，时任浙江省委书记的习近平在该村调研座谈时，针对干部群众在如何处理环境保护与经济增长问题上出现的思想矛盾、困惑和彷徨，提出了"绿水青山就是金山银山"的重要理念，为正处于推进"生态立县"关键时刻的安吉县指明了方向，也为正处于"成长中烦恼"的浙江推进生态省建设提供了重要的理论指导和实践依据。习近平这一崭新理念，使广大干部群众豁然开朗、脑洞大开。10 多年来，安吉县上下坚定不移地举"两山"旗、走"两山"路、创"两山"业，一任接着一任干、一张蓝图绘到底，成功走出了一条生态美、产业兴、百姓富的科学发展之路，实现了经济发展与生态保护的良性循环。余村已成为全国远近闻名的生态文明示范村，成为生态文明建设当之无愧的圣地。每天慕名而来的中外游客和参观者络绎不绝，盛赞安吉农村的生态人文与欧洲农村相比毫不逊色。安吉余村是中国践行"两山论"的一个范例、一个样本和一面旗帜。在新理念的引领下，全国以点带面，培育典型，复制推广，不断把生态文明建设融入政治建设、经济建设、文化建设、社会建设的各方面和全过程，"两山论"已经化为中国大地的生动实践。"绿水青山就是金山银山"在中国，可谓家喻户晓、老少皆知，不仅是干部群众最响亮的口号，而且逐渐成为自觉自愿的行为。

"两山论"实际上揭示了大自然是一个相互依存、相互影响的系统。统筹山水林田湖系统治理，归根到底是用什么样的思想方法对待自然、用什么样的方式保护自然修复的问题。习近平强调，山水林田湖是一个生命共同体。人的命脉在田，田的命脉在水，水的命脉在山，山的命脉在土，土的命脉在树。如果种树的只管种树、治水的只管治水、护田的单纯护田，很容易顾此失彼，最终造成生态的系统性破坏。必须按照生态系统的整体性、系统性以及内在规律，统筹考虑自然生态各要素，山上山下、地上地下、陆地海洋以及流域上下游等，进行整体保护、系统修复、综合治理。中共十八大以来，系统性建设生态文明从思路转化为实际行动。建立全国统一的空间规划体系，完成了生态保护红线、永久基本农田、城镇开发边界三条控制线划定工作，明确了城镇空间、农业空间、生态空间，为各类开发建设活动提供了依据。针对中国缺林少绿的国情，积极开展国土绿化行动，集中连片建设森林，继续推进荒漠化、石漠化、水土流失综合治理，强化湿地保护和恢复，加强地质灾害防治，为国土增添绿装。还扩大了退耕还林还草，恢复国土的生态功能。在坚持最严格的耕地保护制度基础上，针对耕地退化问题，扩大轮休耕地制度试点，使超载的耕地休养生息。建立了政府主导、企业和社会各界参与、市场化运作、可持续的生态补偿机制。

新时代的中国通过树典型的方式，鼓励全国各地积极推动生态文明建设。塞罕坝就是一个受到全国各地积极学习的好例子。塞罕坝是蒙汉合璧语，意为"美丽的高岭"，位于河北省最北部的围场县境内。

历史上，这里地域广袤，树木参天，辽金时期被称为"千里松林"。清朝后期由于国力衰退，日本侵略者掠夺性的采伐、连年不断的山火和日益增多的农牧活动，塞罕坝的树木被采伐殆尽，大片的森林荡然无存。到新中国成立前，塞罕坝由"林苍苍，树茫茫，风吹草低见牛羊"的皇家猎苑蜕变成了"天苍苍，野茫茫，风吹沙起好荒凉"的沙地荒原。新中国成立后，林业部经过充分调研论证和科学的规划设计，1962 年 2 月，决定建立林业部直属的塞罕坝机械林场。刚刚建场的塞罕坝，没有粮食，缺少房屋，交通闭塞，冬季大雪封山，人们便处于半封闭、半隔绝的状态；没有学校，没有医院，没有娱乐设施，从四面八方赶来的建设者们，除了简单的行李衣物，其他的几乎一无所有。通过塞罕坝几代人坚韧不拔的斗志和永不言败的担当，在极端困难的立地条件下，在 140 万亩的总经营面积上，成功营造了 112 万亩人工林，创造了一个变荒原为林海、让沙漠成绿洲的绿色奇迹。森林覆盖率由建场初期的 11.4% 提高到现在的 80%，林木总蓄积量达到 1012 万立方米，塞罕坝人在茫茫的塞北荒原上成功营造起了全国面积最大的集中连片的人工林林海，谱写了不朽的绿色篇章。如今，建场时营造的树苗，已经变成了浩瀚林海，正发挥着无可替代的作用，造福着当地，而且每年为京津地区输送净水 1.37 亿立方米、释放氧气 55 万吨，成为守卫京津的重要生态屏障。2017 年，习近平对河北塞罕坝林场建设者感人事迹作出重要指示强调，全党全社会要坚持绿色发展理念，弘扬塞罕坝精神，持之以恒推进生态文明建设，一代接着一代干，驰而不息，久久为功，努力形成人与自然和谐发展新格局，把我们伟大的祖国建设得更加美丽，为子孙后代留下天更蓝、山更绿、水更清的优美环境。

环境保护"这一手"硬起来

"采菊东篱下，悠然见南山！""天苍苍，野茫茫，风吹草低见牛羊。"……古人们这些充满意境的诗句使人不由得想起了农耕社会的美丽风景。近年来，地下的水污染、土地的重金属污染、农村的面源污染等问题，已引起人们对健康的极大担忧，因环境问题导致的群体性事件也屡见报端。

尽快解决环境恶化问题，要抓住那些牵一发而动全身的关键环节。中共十八大提出，要实施重大生态修复工程，增强生态产品生产能力，推进荒漠化、石漠化、水土流失综合治理，扩大森林、湖泊、湿地面积，保护生物多样性。重大生态修复工程主要包括土壤修复、区域大气污染防治、湖泊流域治理等内容，主要涉及生活与工业污水治理、大气污染治理、重金属治理和土壤修复行业。中国自 1978 年以来实施了 16 项重大生态修复工程，包括已经实施的天然林保护、退耕还林、防沙治沙、湿地保护恢复、"三北"防护林、沿海防护林等，覆盖范围之广、建设规模之大、投资额度之巨，堪称世界之最。重大生态修复工程已经成为维护国家生态安全的战略支撑。国家环保部门表示，今后不仅要继续实施好现有重大生态修复工程，还要针对一些特殊的生态区位、特殊的生态需求，谋划一批新的生态修复工程。尽快启动国家木材战略储备基地建设等工程，通过健全和完善生态工程布局，形成国家和地方互为补充的生态修复工程体系，以重大工程推动全国自然生态系统的全面修复。

建设生态文明，必须深化生态文明体制改革，把生态文明建设纳入制度化、法治化轨道。习近平 2015 年主持审定的《生态文明体制改革总体方案》明确提出，到 2020 年，构建起由自然资源资产产权制度、国土空间开发保护制度、空间规划体系、资源总量管理和全面节约制度、资源有偿使用和生态补偿制度、环境治理体系、环境治理和生态保护市场体系、生态文明绩效评价考核和责任追究制度 8 项制度构成的产权清晰、多元参与、激励约束并重、系统完整的生态文明制度体系，推进生态文明领域国家治理体系和治理能力现代化，努力走向社会主义生态文明新时代。

全面推行河长制，是践行新发展理念、加强生态文明建设、加强中国河湖管理保护、保障中国国家水安全的重要举措。2016 年 12 月，中共中央办公厅、国务院办公厅印发了《关于全面推行河长制的意见》并发出通知，要求各地区、各部门结合实际认真贯彻落实。河长制，即由中国各级党政主要负责人担任"河长"，负责组织领导相应河湖的管理和保护工作。"河长"的主要工作任务包括 6 个方面：一是加强水资源保护，全面落实最严格水资源管理制度，严守"三条红线"；二是加强河湖水域、岸线管理保护，严格水域岸线等水生态空间管控，依法划定河湖管理范围，严禁侵占河道、围垦湖泊等；三是加强水污染防治，统筹水上、岸上污染治理，排查入河湖污染源，优化入河湖排污口布局；四是加强水环境治理，保障饮用水水源安全，加大黑臭水体治理力度，实现河湖环境整洁优美、水清岸绿；五是加强水生态修复，强化山水林田湖系统治理；六是加强执法监管，严厉打击涉河湖违法行为。2018 年 7 月 17 日，水利部举行全面建立河长制新闻发布会宣布，截至 6 月底，全国 31 个省区市已全面建立河长制。

实践证明，生态环境保护能否落到实处，关键在领导干部。一些重大生态环境事件背后，都有领导干部不负责任不作为的问题，都有一些地方环保意识不强、履职不到位、执行不严格的问题。中共十八大以来，坚决落实干部任期生态文明建设责任制，实行自然资源资产离任审计，认真贯彻依法依规、客观公正、科学认定、权责一致、终身追究的原则。习近平反复强调，在生态环境保护问题上，就是要不能越雷池一步，否则就应该受到惩罚。只有实行最严格的制度、最严密的法治，才能为生态文明建设提供可靠保障。

近年来，党和政府雷厉风行，实行生态文明建设责任制，环保督察敢于碰真动硬，生态文明建设成效显著。2017 年 2 月 12 日至 3 月 3 日，由中共中央、国务院有关部门组成中央督察组开展专项督察祁连山生态保护问题。7 月 20 日，中共中央办公厅、国务院办公厅对外公布《甘肃祁连山国家级自然保护区生态环境问题的通报》。通报称，通过调查核实，甘肃祁连山国家级自然保护区生态环境破坏问题突出。一是违法违规开发矿产资源问题严重。保护区设置的 144 宗探矿权、采矿权中，有 14 宗是在 2014 年 10 月国务院明确保护区划界后违法违规审批延续的，涉及保护区核心区 3 宗、缓冲区 4 宗。长期大规模的探矿、采矿活动，造成保护区局部植被破坏、水土流失、地表塌陷。二是部分水电设施违法建设、违规运行。当地在祁连山区域黑河、石羊河、疏勒河等流域高强度开发水电项目，共建有水电站 150 余座，其中 42 座位于保护区内，存在违规审批、未批先建、手续不全等问题。由于在设计、建设、运行中对生态流量考虑不足，导致下游河段出现减水甚至断流现象，水生态系统遭到严重破坏。三是周边企业偷排偷放问题突出。部分企业环保投入严重不足，污染治理设施缺乏，偷排偷放现象屡禁不止。巨龙铁合金公司毗邻保护区，大气污染物排放长期无法稳定达标，当地环保部门多次对其执法，但均未得到执行。石庙二级水电站将废机油、污泥等污染物倾倒进河道，造成河道水环境污染。四是生态环境突出问题整改不力。2015 年 9

月，环境保护部会同国家林业局就保护区生态环境问题，对甘肃省林业厅、张掖市政府进行公开约谈。甘肃省没有引起足够重视，约谈整治方案瞒报、漏报 31 个探采矿项目，生态修复和整治工作进展缓慢，截至 2016 年底，仍有 72 处生产设施未按要求清理到位。党中央决定对相关责任单位和责任人进行严肃问责。责成甘肃省委和省政府向党中央作出深刻检查，时任省委和省政府主要负责同志认真反思、吸取教训。在这一事件中，甘肃有 100 多名干部被依纪依规问责，其中有多名省部级干部。这一追责大行动，震动之大、影响之深，都是前所未有的。

2017 年 7 月，中共中央办公厅、国务院办公厅就甘肃祁连山国家级自然保护区生态环境问题发出通报后，甘肃省国土资源厅明确表态："对于中办、国办通报指出的问题，我们全部认领；作出的处理决定，我们完全拥护；提出的整改要求，我们坚决落实。抚平'母亲山'身上的伤疤，没有捷径可走，更没有后路可退。"甘肃省有关部门立即组织全省国土资源系统各级党组织和党员干部逐条对照检查和反思，举一反三，直面矛盾，深入剖析问题产生的根源，研究切实可行的改进措施和办法。目前，已经编制完成《甘肃省祁连山自然保护区矿山地质环境恢复治理实施方案》，把全省自然保护区、水源地保护区等禁止矿产资源勘查开采活动的区域，全部纳入《甘肃省矿产资源总体规划（2016—2020 年）》明确的禁止勘查开采区，并在矿业权审批中实行协查制度，从源头杜绝违规审批现象再次发生。可以说治理恢复工作正在紧张有序进行中。

2017 年召开的中共十九大明确了到 21 世纪中叶把中国建设成为富强民主文明和谐美丽的社会主义现代化强国的目标，十三届全国人大一次会议通过的宪法修正案，将这一目标载入国家根本法，进一步凸显了建设美丽中国的重大现实意义和深远历史意义。中共十九大以来，在推进党和国家机构改革中，为更好保护"绿水青山"、治理污染，组建了生态环境部和自然资源部两个部门。中国人相信，只要脚踏实地地进行环境保护，不断形成绿色发展方式和生活方式，中华大地一定会实现天更蓝、山更绿、水更清、环境更优美，大踏步进入生态文明新时代。

七、打开国门搞建设

中国的发展离不开世界

梯度推进对外开放

"引进来"和"走出去"并重

对外开放的大门越开越大

1978 年是中国历史上一个重要年份。这一年在中国发生的两件大事影响了整个世界，分别是中国和美国建交，中国实施改革开放。1978 年 12 月 25 日，中国领导人邓小平与美国总统吉米·卡特同时出现在美国《时代》周刊的封面上，封面上写着：与中国打交道。1979 年 1 月 1 日，邓小平的头像再次被赫然印在美国《时代》周刊的封面上，标题写着：《邓小平，中国新时代的形象》。不过，这次显然更具有冲击力，因为他被评为了该刊的"年度风云人物"。这不仅因为他一手促成了中美关系的正常化，更为重要的是因为他启动中国经济改革和对外开放。自此，中国打开国门搞建设，采取梯度开放策略，坚持"引进来"和"走出去"并重，积极参与全球治理，中国对外开放的大门越开越大。

中国的发展离不开世界

人类发展历史表明，对外开放，国运则兴；闭关自守，国运则衰。邓小平指出，中国之所以落后，其重要原因就在于长期以来一直是闭关自守。他说："恐怕明朝明成祖时候，郑和下西洋还算是开放的。明成祖死后，明朝逐渐衰落，中国被侵略了。以后清朝康乾时代，不能说是开放。如果从明朝中叶算起，到鸦片战争，有三百多年的闭关自守。如果从康熙算起，也有近二百年的闭关自守。把中国搞得贫穷落后，愚昧无知。""文化大革命"结束后，中国领导人通过出访发现周边的日本等国在中国搞以阶级斗争为纲时，迅速发展了起来；英国、美国、德国的发展更是迅速。在此背景下，邓小平提出，中国的发展离不开世界，中国要打开国门搞建设。据美国前国务卿基辛格介绍，1979 年 4 月邓小平在一次晚宴上谈话时对他说，像中国这样幅员辽阔、人口众多、地区差别极大的国家，权力下放十分重要。但这还不是最大挑战；中国必须引进现代技术，还将送几万名留学生出国留学（"西方教育没什么好怕的"），"文化大革命"的危害将永远结束。并说"这一次我们一定要做对，我们已经错了太多次了"。

封闭僵化的管理使得中国在"文化大革命"结束时与很多国家相比落后了。20 世纪 70 年代，世界范围内蓬勃兴起的新科技革命推动世界经济以更快的速度向前发展，中国经济实力、科技实力与国际先进水平的差距明显拉大。1978 年，美国电视普及率达到 70%，而中国仅有 100 多万台电视。以人均 GDP 为例，"文化大革命"之前的 1965 年，美国人均 GDP 是中国的 41 倍；法国、西德、英国分别是中国的 22 倍、21 倍、20 倍；日本、巴西分别是中国的 11 倍、2.6 倍。"文化大革命"之后的 1978 年，美国人均 GDP 是 9687 美元，中国只有 127 美元，美国是中国的 76 倍；西德人均 GDP 是 10419 美元，是中国的 82 倍；日本人均 GDP 是 8476 美元，是中国的约 67 倍；法国、巴西分别是中国的 69 倍、13 倍，差距显著拉大。

"文化大革命"结束后，党和国家领导人通过出访和到国外实地考察，切身感受到了中西差距。1978 年 5 月 2 日至 6 月 6 日，国务院副总理谷牧率团访问欧洲五国——法国、瑞士、德国、丹麦和比利时。这是谷牧第一次出国。出发之前，邓小平专门找谷牧谈话，要求他们广泛接触，详细调查，深入研究些问题。考察团发现这些国家已经修起网状高速公路，法国马赛索尔梅尔钢厂年产 350 万吨钢仅用工人 7000 名。中国武钢年产钢 230 万吨，却需要 67000 名工人。中国第一条高速公路 1988 年才建成，全长 16 公里，是从上海到嘉定的。谷牧一行看到了中西巨大差距，也看到了中国的发展机遇。西方发达国家刚刚经历经济危机，有大量资本可供中国借用，他们也有强烈意愿同拥有巨大市场的中国合作。联邦德国黑森州副州长卡里表示可提供 200 亿美元存入中方银行供使用。北威州州长屈恩在宴会上提出，如我愿接受 50 亿美元，可以马上定下来，接受 200 亿美元，宴会后谈判一小时就可定下来。回国后，谷牧向中共中央汇报出访情况，会议持续 8 个小时，为实行对外开放打下基础。代表团成员之一、时任广东省副省长王全国后来回忆说："那一个多月的考察，让我们大开眼界，思想豁然开朗，所见所闻震撼每一个人的心，可以说我们很受刺激！闭关自守，总以为自己是世界强国，动不动就支援第三世界，总认为资本主义腐朽没落，可走出国门一看，完全不是那么回事，你中国属于世界落后的那三分之二。"在随后召开的国务院务虚会上，与会人员说到，日本、联邦德国两个战败国为什么能够迅速复兴？"上帝只给了太阳和水"的瑞士为什么也能够跻身于发达国家行列？我们条件并不比他们差多少，许多方面还比他们强得多。1978年，邓小平年初访问了缅甸和尼泊尔，9 月去了朝鲜，10 月访问了日本，11 月去了泰国、马来西亚和新加坡。在日本之行中，邓小平对日本的现代化技术和高效的管理印象深刻。在参观完日产汽车之后，邓小平告诉日本人："现在我明白什么叫现代化了。"在这一系列考察调研、商讨基础上，1978 年 12 月召开的中共十一届三中全会决定打开国门搞建设。

经过一年左右的筹备，1980 年，中国决定设立深圳、珠海、汕头、厦门 4 个经济特区，拉开中国对外开放的大幕，此后，沿海、沿江、沿边、内陆地区相继开放，到 20 世纪末形成了分步骤、多层次、逐步开放的格局。2001 年，中国加入世界贸易组织，对外开放进入了历史新阶段。进入新时代，中国通过加快贸易强国建设、改善外商投资环境、优化区域开放布局、创新对外投资形式等，着力构建全面开放新格局。

40 年来，中国坚持打开国门搞建设，积极吸收国外资金，派大批学生出国留学，外引内联学习国外的先进管理经验和先进科学技术，中国迅速发展起来了。以货物贸易为例，据国家统计局网站披露,40 年来中国货物进出口规模实现跨越式发展。1978 年至 2017 年，按人民币计价，中国进出口总额从 355 亿元提高到 27.8 万亿元，增长 782 倍，年均增速达 18.6%。按美元计价，中国进出口总额从 206 亿美元提高到 4.1 万亿美元，增长 198 倍，年均增速达 14.5%。改革开放初期，中国货物进出口占国际市场份额仅为 0.8%，在全球货物贸易中列第 29 位。随着货物贸易额稳步增加，居世界的位次逐步提高，特别是加入世界贸易组织后，中国货物贸易规模相继超越英国、法国、德国和日本。2009 年起，中国连续 9 年保持货物贸易第一大出口国和第二大进口国地位。2013 年起，中国超越美国成为全球货物贸易第一大国，并连续 3 年保持这一地位。2017 年，中国进出口占全球份额为 11.5%，货物贸易重回全球第一，其中出口占比为 12.8%，进口占比为 10.2%；中国也是增长最快的全球主要进口市场，进口增速比美国、德国、日本和全球分别高出 8.9 个、5.5 个、5.4 个和 5.3 个百分点。

这充分表明，中国把对外开放作为基本国策，坚持开放不动摇，不仅做对了，而且取得巨大成功。

梯度推进对外开放

打开国门搞建设，是中国对外开放取得成功的关键一步。但如何打开国门、怎样进行开放，确实对中国领导人来说是一个考验。中国实行对外开放之初，缺乏思想理论和具体方针政策的充分准备，缺乏同积累了长期历史经验的国际资本打交道的经验，缺乏干练的对外经贸人才，那时连水平较高的翻译都不够用。社会主义现代化建设的现实又要求中国人抓紧时机、打开国门，把工作搞起来，不允许中国把一切都准备完善再开始。中国当时采取了邓小平主张的"摸着石头过河"的办法，把对外开放事业一步步推动起来，实际上呈现了梯度开放格局。

考虑到中国幅员辽阔，人口众多，东南西北中自然条件差异较大，经济发展水平很不平衡，对外开放也不可能齐头并进。20世纪70年代末开始对外开放时，中国先从毗邻香港、澳门、台湾，又有中国华侨、华人祖居地的广东、福建做起。1978年，广东宝安（深圳）农民的人均年收入是134元，一河之隔的香港新界的农民的收入是13000港币，如此巨大差距，促使不少人铤而走险偷渡港澳。1978年4月到广东任省委书记的习仲勋，发现广东存在严重的"逃港潮"现象。习仲勋经过调研，发现广东有地理优势和人脉资源，但由于政策限制用不起来。因此，在1979年4月举行的中央工作会议上，他大胆向中央提出建议，能否给广东一些特殊的优惠政策，让广东发挥自身优势，尽快发展起来。随后中央派谷牧到广东、福建调研，并决定给予广东、福建一些特殊优惠政策，于1980年经过全国人大开会讨论决定设立深圳、珠海、汕头、厦门4个经济特区。4个经济特区设立后，在国家计划指导下采取以市场调节为主的政策。具体是采取"三来一补"的做法，"三来一补"指来料加工、来样加工、来件装配和补偿贸易，是中国大陆在改革开放初期尝试性地创立的一种企业贸易形式，它最早出现于1978年。1978年7月，广东省东莞县第二轻工业局设在虎门境内的太平服装厂与港商合作创办了全国第一家来料加工企业——太平手袋厂。"三来一补"企业主要的结构是：由外商提供设备（包括由外商投资建厂房）、原材料、来样，并负责全部产品的外销，由中国企业提供土地、厂房、劳力。这种形式的企业，在20世纪80年代发挥了较大作用。

在取得一定经验后，中国于1984年开放了包括大连、青岛、上海等在内的14个沿海港口城市，明确了继续扩大对外开放的态度。1985年，把长江三角洲、珠江三角洲、厦漳泉三角地带开辟为沿海开放地区，随后辽东半岛、山东半岛也加入进来。1988年设立了中国最大的经济特区——海南经济特区。到20世纪80年代末，在全国形成了有重点、多层次的全方位开放的布局。

20世纪90年代，中国的对外开放迈开大步。1990年，中央决定开发开放上海浦东。1992年，又开放了沿江沿边城市和省会城市。陆地沿边的开放城镇，对开展边境贸易、振兴民族地区经济以及与周边国家搞好睦邻友好关系有重要作用。内地重要城市的开放，加强了内地联通国际市场的力度，也加强了对周边中小城市经济发展的带动。从东到西、从南到北次第展开、梯度推进的开放步骤和有重点、多层次的布局，符合中国实际和经济发展趋势。

上海浦东开发开放是中国对外开放的一个标志性动作。在浦东开发开放之初，曾有人预计用10年时间，即到2000年浦东地区生产总值总量将达到500亿元，事实是，到2000年，浦东地区生产总值总量达到 923 亿元，是 1990 年的 15 倍。2017 年，浦东新区地区生产总值达到 9651.4 亿元，是 1990 年 60 亿元的 161 倍；财政收入达到 3937.96 亿元，增长 394 倍；外贸进出口总额 19565.4 亿元，增长 363 倍。浦东之所以屡创奇迹，和其大胆创新有巨大关系。28 年来创造了很多中国第一。1990 年批准建立的陆家嘴金融贸易区，是全国第一个金融贸易区，迄今为止也是唯一一个以金融贸易命名的国家级开发区。外高桥保税区是第一个保税区，上海证券交易所是第一家证交所。1992 年 7 月 26 日，全国第一家在中国境内保税区从事进出口贸易的外国公司日本伊藤忠商事有限公司，经国家批准注册在外高桥保税区。9 月 25 日，美国友邦上海公司经中国人民银行总行批准在浦东注册开业。这是第一家外资保险公司。1993 年 1 月 28 日，浦东首创打破户口、身份和行业的限制，面向全国招聘包括 2 名副局长在内的共 40 名党政机关干部。同年，浦东在全国率先尝试土地实转、资金空转的土地开发模式，在中国城市建设史上创下了多个第一。11 月，外高桥保税区在全国范围率先设立了保税交易市场——上海保税生产资料交易市场。

上海浦东开发开放吸引了大量优质创新型企业落户。如落户临港的寒武纪科技，在业界的地位"牛"到飞起，它是中国 AI 芯片领域首个独角兽企业，可与英特尔、高通比肩，正是由于寒武纪的技术支持，华为全球首款人工智能手机芯片麒麟 970 才得以快速问世。而这家企业的目标是力争在 3 年后占有中国高性能智能芯片市场 30% 的份额，并使全世界 10 亿台以上的智能终端设备，集成有寒武纪终端智能处理器。业内评价，如果两个目标实现，寒武纪将初步支撑起中国主导的国际智能产业生态。进入新时代，浦东创新步伐没有停步。2018 年 3 月 26 日，中国原油期货在上海期货交易所子公司上海国际能源交易中心正式挂牌交易，这是中国首个国际化期货品种，将加强中国在国际能源市场话语权、定价权，推动上海国际金融中心建设。

2001 年加入世界贸易组织，是中国对外开放史上具有里程碑意义的事件，标志着中国对外开放进入了历史新阶段。入世给中国发展带来巨大红利，中国从"与狼共舞"的担忧转换到开始享受"与狼共舞"的喜悦。在加入世界贸易组织之后，在"与狼共舞"中，一批中国企业经受住了严峻的考验，初步具备了国际竞争能力。2004 年底，联想集团经过在国内的充分练兵，宣布并购 IBM 个人电脑，进军国际市场。对于这样一个被称为"蛇吞象"的并购案，当时各界除了称赞联想具有勇气外，几乎无人看好。并购是否成功，时间给了我们答案，联想并购前营业额是 29 亿美元，2010 年则是 216 亿美元；并购前占国际市场份额的 2.4%，2011 年是 13.7%；并购前全球排名在十名以外，2011 年是全球第二。在 2011 年 12 月 11 日举行的中国加入世界贸易组织 10 周年高层论坛上，世界贸易组织总干事拉米发表演讲时说：加入世界贸易组织为中国国内现代化建设提供了强大的动力。外国投资者因此对中国更有信心，他们对中国进行了大量直接投资和技术转移，成为中国经济腾飞的关键因素。加入世界贸易组织，帮助中国抵制保护主义，确保中国以出口为导向的经济增长。"展望下一个十年，我有两个愿望。第一，希望中国继续参与世界贸易组织工作，帮助世贸组织继续推进更加开放和公平的国际贸易环境。第二，希望世贸组织继续加深与中国的关系，帮助中国应对改革挑战。无论过去、现在还是将来，中国都需要世贸组织，世贸组织也同样需要中国。"在入世之后的 10 年内，中国 GDP 总量先后超过意大利、法国、德国、日本，成为世界第二大经济体。入世红利不可谓不丰厚。进入新时代，中国对外开放的脚步不仅没有停歇，而且加快了步伐，开放范围和深度更加扩大和深入。

"引进来"和"走出去"并重

"引进来"和"走出去"是中国对外开放的重要内容，也是中国深化对外经贸合作、促进与世界各国共同发展的有效途径。中国开放初期以"引进来"为主，设立经济特区、开放沿海港口城市等重要举措，目的都是尽可能多吸引外国的资金和技术，向发达国家和地区学习管理技术和管理经验。

对外开放以来，中国一直是世界上吸引外资较多的国家，甚至在一个时期内排名世界第一。中国引进美国、日本以及西欧的资金与技术较多一些，尤其是日本来华投资设厂的较多。1978 年，邓小平访问日本时，专程来到松下电器公司的工厂，在那里，公司负责人松下幸之助向邓小平介绍了公司生产的各种电视机的概况。从 1952 年生产第一台电视机以来，截至 1978 年 3 月，这家公司已经生产了 5000 万台电视机。邓小平应邀在这家企业的纪念册上题词："中日友好，前程似锦。"邓小平的考察给 83 岁高龄的松下幸之助留下深刻印象。这促使他开始思考松下公司的中国攻略。1980 年，松下幸之助访问中国，成为访问新中国的第一位跨国企业的国际级企业家，松下公司与中国政府签订了《技术协作第一号》协议，向上海灯泡厂提供黑白显像管成套设备，通过国际交流基金向北京大学、复旦大学赠送价值 1.2 亿日元的设备，松下公司的北京事务所随之开张。松下公司率先进入中国，起到了巨大的示范效应，其他日本公司蜂拥而至，其后 10 年，日本公司成为第一批中国市场的外来拓荒者。其间，中国不仅从日本获得了大量资金援助，也从中学到了很多。

谈到大规模吸引外资，实际上中国有着有利条件。中国的港澳同胞、台湾同胞以及海外侨胞，加上遍布世界的外籍华裔，超过5000万人。中国很重视运用这个有利条件。对外开放首先安排在重要侨乡广东和福建两省起步，然后逐步推开。为发挥港澳同胞、台湾同胞以及海外华侨和外籍华人在对外开放中的作用，中央作出许多部署，各级侨务部门做了大量工作。中国实行对外开放后，最先来投资的就是港澳同胞和东南亚的华侨、华人中的企业家，他们投资的项目和投资的数量在一段时间里居于境外投资商的首位。中国第一家中外合资企业就是香港人伍淑清和内地合办的。1980年4月10日，中外合资企业——北京航空食品有限公司被批准成立，5月1日，公司在北京正式挂牌。这是全国第一家中外合资企业，取得了国家外资委发放的中外合资企业第"001号"。作为第一家中外合资企业，北京航空食品有限公司不仅结束了中国民航没有航空配餐的历史，更具意义的是，它开创了中国利用外资的先河，并以自身的发展见证了中国引进外资事业的历史。中美合资北京建国饭店、中美合资长城饭店是和北京航空食品有限公司同一天得到批准。实际上，一直到20世纪末，香港的投资依然占到60%。这些投资也带动了美国、日本等国家的投资。

建立股票市场和企业实行股份制等都是"引进来"的结果。20世纪80年代，世界银行驻北京办事处主任、菲律宾籍华人林重庚最早提出产权问题，并针对中国国企改革问题提到可以借鉴西方的股份制的企业形式，可能是一种办法，但没有具体化。这个建议引起当时国务院领导人的重视，就让各方面展开研究，尤其是国家体制改革委员会。1985年，德国一个称"五贤人委员会"的访华代表团，以"五贤人委员会"主席施耐德为首，在会见国务院领导时，国务院领导曾咨询他们对中国国企改革的建议，德国专家当时没明确表态，说研究不够，等思考成熟再回答这个问题。1986 年，他们再来中国时明确向国家体改委提出，发展股份制是一种好形式，既可以保持国有企业的国有性质，又有可能避免国企的政企不分积弊，哪怕是国家股份很大，但它的一套操作办法可避免政企不分的问题。从此，中国开始对股份制给以更多研究。1987 年，国家体改委提出开门搞规划，指定以国内某著名经济学家为首，各自组织一拨人去搞方案，在拟出的 8 个方案里，有 7 个都主张搞国企改革应走股份制道路。但对于发行股票、企业实行股份制，不少人还有忧虑。1992 年，邓小平视察南方时对股市有个精辟的论述："证券、股市，这些东西究竟好不好，有没有危险，是不是资本主义独有的东西，社会主义能不能用？允许看，但要坚决地试。……怕什么，坚持这种态度就不要紧，就不会犯大错误。""社会主义要赢得与资本主义相比较的优势，就必须大胆吸收和借鉴人类社会创造的一切文明成果，吸收和借鉴当今世界各国包括资本主义发达国家的一切反映现代社会化生产规律的先进经营方式、管理方法。"到 20 世纪末，中国的企业才开始大规模使用股份制。

"引进来"一直是开放的重点。到 2011 年 12 月胡锦涛还指出：中国将继续扩大各领域对外开放水平，强化产业政策与外资政策的协调，继续欢迎各国投资者来华投资兴业，鼓励外商在华设立研发中心，利用全球科技智力资源推动国内技术创新。进入新时代，引进力度依然在加大。2017 年初，国务院印发《关于扩大对外开放积极利用外资若干措施的通知》，对进一步做好利用外资工作作出部署。该通知明确了当前和今后一段时期利用外资工作的政策导向，提出了20 项具体措施，包括修订《外商投资产业指导目录》及相关政策法规，放宽服务业、制造业、采矿业等领域外资准入限制；支持外资以特许经营方式参与基础设施建设；等等。8 月发布的《国务院关于促进外资增长若干措施的通知》涉及进一步减少外资准入限制共 12 个重点领域，列出了 22 项措施。在减少限制、税收支持、政策连续稳定、完善法律体系和"放管服"改革以及调动地方政府积极性方面都展现出了新亮点。2018 年，国家持续加码吸引外资的政策。6 月，国务院印发《关于积极有效利用外资推动经济高质量发展若干措施的通知》，商务部、国家发展改革委发布的《外商投资准入特别管理措施（负面清单）（2018 年版）》于 7 月底正式实施，清单数量比 2017 年版减少了 15 条。根据世界银行发布的《营商环境报告》显示，从 2013 年度到 2016 年度，中国营商环境的世界排名提高了 18 位。其中，开办企业便利度排名上升 31 位。

中国不仅要"引进来"，还要"走出去"。改革开放初期，中国只有少数国有企业走出国门，开办代表处或设立企业，对外直接投资开始尝试性发展。据联合国贸发会议统计，1982—2000 年，中国累计实现对外直接投资 278 亿美元，年均投资额仅 14.6 亿美元。1996 年 7 月 26 日，江泽民在河北省唐山市考察时提出，要紧紧研究如何有重点有组织地"走出去"，做好利用国际市场和国外资源这篇大文章。1997 年 12 月 24 日，江泽民提出"走出去"是一个大战略，既是对外开放的重要战略，也是经济发展的重要战略。2000 年 10 月，中共十五届五中全会正式提出，要以更加积极的姿态，推动全方位、多层次、宽领域的对外开放，发展开放型经济，实施"走出去"战略，努力在利用国内外两种资源、两个市场方面有新的突破。此后，对外直接投资进入快速发展时期。2002—2017 年，中国累计实现对外直接投资 1.11 万亿美元。2017 年，中国对外直接投资额 1246 亿美元，是 2002 年的 46 倍，年均增长 29.1%，成为全球第三大对外投资国。2017 年末，中国对外直接投资存量 1.48 万亿美元，境外企业资产总额超过 5 万亿美元。对外投资形式也逐步优化，由单一的绿地投资向兼并、收购、参股等多种方式扩展，企业跨国并购日趋活跃。

除了对外投资外，对外经济合作蓬勃发展。中国的对外经济合作始于 20 世纪 70 年代末，加入世界贸易组织后，在外承揽业务的规模快速扩大。2002—2017 年，对外承包工程累计签订合同额 1.98 万亿美元，完成营业额 1.34 万亿美元，年均增速均超过 20%。对外承包工程企业的国际竞争力大幅提升。"中巴经济走廊"中能源、交通、电力等领域重大项目推进落地，埃塞俄比亚首个国家工业园正式运营，吉布提多哈雷多功能港口项目顺利完工，在"一带一路"倡议下，我国为沿线国家带来越来越多的重大项目，有力地促进了当地经济社会发展，增加就业，改善民生。

中外合作过程中，国际产能合作积极推进。国际产能合作顺应开放型经济发展的客观规律，是中国与各国共建"一带一路"的重要抓手。中国企业在传统基建，传统劳动密集型产业，优势产能富余产业以及高端装备制造产业等领域开展广泛的国际产能合作。2015—2017 年，中国流向装备制造业的对外投资 351 亿美元，占制造业对外投资的 51.6%。中国装备制造在"走出去"的过程中涌现出了中国高铁、中国核电等亮丽的国家名片。

"走出去"还得"走下去""走进去"，这就要求不断优化投资结构和投资布局。从结构上来看，中国对外直接投资行业分布从初期主要集中在采矿业、制造业，到目前已覆盖全部国民经济行业门类，投资结构由资源获取型向技术引领和构建全球价值链转变。2016 年末，中国对外直接投资存量超过七成分布在第三产业，主要包括租赁和商务服务，金融、信息传输、软件和信息技术服务，交通运输、仓储等生产性服务业。企业通过对外投资正在加快形成面向全球的贸易、金融、生产、服务和创新网络。从布局上来看，中国对外投资伙伴多元、区域广泛。2016 年末，中国对外直接投资分布在全球 190 个国家（地区），占全球国家（地区）总数的比重由 2003 年末的 60% 提升到 81%。从区域分布上来看，对亚洲投资 9094 亿美元，占比 67%；拉丁美洲 2072 亿美元，占比 15.3%；欧洲 872 亿美元，占比 6.4%；北美洲 755 亿美元，占比 5.6%；非洲 399 亿美元，占比 2.9%；大洋洲 382 亿美元，占比 2.8%。

对外开放的大门越开越大

开放是国家繁荣发展的必由之路。中共十八大以来，以习近平同志为核心的中共中央准确把握和平、发展、合作、共赢的时代潮流和国际大势，从中国特色社会主义事业"五位一体"总体布局和"四个全面"战略布局的战略高度，着眼于实现中华民族伟大复兴的中国梦，以开放促改革、促发展、促创新，实现陆海内外联动、东西双向开放，推动构建全面对外开放新格局，谱写了中国与世界互利共赢的新篇章。

建设自由贸易试验区是中共中央、国务院在新形势下全面扩大开放的战略举措。2013 年设立中国（上海）自由贸易试验区，表明中国正在寻求进一步对外开放的道路，特别是服务贸易领域和投资领域要进一步对外开放。这一重大举措也表明中国未来的改革不是寻求地方的政策突破，而是寻求能够在全国可复制、可推广的制度性建设。

上海自贸区充分发挥了先行先试的带头探索作用。在总结上海自贸区经验基础上，2014年12月12日，国务院常务会议决定设立中国（广东）自由贸易试验区、中国（天津）自由贸易试验区、中国（福建）自由贸易试验区。其中广东自贸区立足面向港澳深度融合，天津自贸区与推动京津冀协同发展相契合，福建自贸区着重进一步深化两岸经济合作。2017年3月31日，国务院又批复成立中国（辽宁）自由贸易试验区、中国（浙江）自由贸易试验区、中国（河南）自由贸易试验区、中国（湖北）自由贸易试验区、中国（重庆）自由贸易试验区、中国（四川）自由贸易试验区、中国（陕西）自由贸易试验区7个自贸区。这7个自贸区定位有各自鲜明的特点，比如陕西自贸区主要是落实中央关于更好发挥"一带一路"建设对西部大开发带动作用、加大西部地区门户城市开放力度的要求，打造内陆型改革开放新高地，探索内陆与"一带一路"沿线国家经济合作和人文交流新模式。2018年4月，在博鳌亚洲论坛2018年年会上，习近平提出在海南探索建立自贸区、自由贸易港。2018年5月，国务院印发进一步深化广东、天津、福建自贸区改革开放3个方案，旨在为全面深化改革和扩大开放探索新途径、积累新经验。至此，中国大地上已有12个自贸区，向世界亮明中国全方位开放的鲜明态度。

人民币纳入特别提款权（SDR），是中国对外开放日益深化的重要标志。2016年9月30日（华盛顿时间），国际货币基金组织（IMF）宣布纳入人民币的SDR新货币篮子于10月1日正式生效。这反映了人民币在国际货币体系中不断上升的地位，有利于建立一个更强劲的国际货币金融体系。新的SDR货币篮子包含美元、欧元、人民币、日元和英镑5种货币，权重分别为41.73%、30.93%、10.92%、8.33%和8.09%，对应的货币数量分别为0.58252、0.38671、1.0174、

11.900 和 0.085946。人民币纳入 SDR 是人民币国际化的里程碑，是对中国经济发展成就和金融业改革开放成果的肯定，有利于增强 SDR 的代表性、稳定性和吸引力，也有利于国际货币体系改革向前推进。近年来，中国以人民币"入篮"为契机，深化金融改革，扩大金融开放，为促进全球经济增长、维护全球金融稳定和完善全球经济治理作出了积极贡献。

推动"一带一路"建设。2013 年 9 月和 10 月，习近平在出访中亚和东南亚国家期间，先后提出共建"丝绸之路经济带"和"21 世纪海上丝绸之路"的重大倡议。"一带一路"建设秉持的是共商、共建、共享原则，不是封闭的，而是开放包容的；不是中国一家的独奏，而是沿线国家的合唱。自提出"一带一路"倡议以来，我们不仅于 2017 年 11 月成功主办了"一带一路"国际合作高峰论坛，还推动了"一带一路"建设取得巨大进展。几年来，全球 100 多个国家和国际组织积极支持和参与"一带一路"建设，联合国大会、联合国安理会等重要决议也纳入"一带一路"建设内容。"一带一路"建设逐渐从理念转化为行动，从愿景转化为现实，建设成果丰硕。2014 年至 2016 年，中国同"一带一路"沿线国家贸易总额超过 3 万亿美元。中国对"一带一路"沿线国家投资累计超过 500 亿美元。中国企业已经在 20 多个国家建设 56 个经贸合作区，为有关国家创造近 11 亿美元税收和 18 万个就业岗位。

为了应对全球化进程中的新挑战，通过对其成员的基础设施的投资，加强互联互通，促进经济和社会的发展，改善生态环境，最终消除贫困，中国倡议设立了亚洲基础设施投资银行（以下简称"亚投行"）。自 2016 年设立以来，亚投行获得了国际上普遍的肯定，疑虑逐步化解，担忧悄然冰释。从 57 个创始成员，发展到 84 个成员，"朋友圈"不断扩大,并且仍有不少国家在认真考虑加入这个具有鲜明的新时代特色的国际多边开发机构。由于严格的管理制度和执行力度,国际三大信用评级机构都给予了亚投行最高的信用评级。这一彰显中国理念的金融机构,对"一带一路"建设起到了巨大推进作用。截至目前,亚投行的投资项目全部落地"一带一路"沿线国家和地区,为这些地方人民带来了切实福祉。

为加快对外开放,中国加快了涉外体制机制的改革,集中力量清理了一批"拦路虎"和"绊脚石",对外贸易、双向投资等开放新体制加快完善。2015 年 1 月,《中华人民共和国外国投资法(草案征求意见稿)》向社会公开征求意见,准备采取准入前国民待遇和负面清单的外资管理方式,促进内外资企业一视同仁、公平竞争。该法已被列入国务院 2018 年立法工作计划。中国政府在北京开展了服务业扩大开放综合试点工作,主要是聚焦科学技术、互联网和信息、文化教育、金融、商务和旅游、健康医疗 6 大重点服务领域,降低或取消外资股权比例限制、部分或全部放宽经营资质和经营范围限制。

高水平"引进来"与大规模"走出去",成为中国新时代开放型经济的重要特征。放眼全球,中国利用外资无疑是一道亮丽的风景线,引进外资规模不断增加,外资产业结构进一步优化。"走出去"稳中有进。2014 年 10 月正式实施了《境外投资管理办法》,新办法确立"备案为主,核准为辅"的管理模式,并引入负面清单的管理制度,实现了 98% 的对外投资事项已不需要政府审核,对外投资效率大大提高。中国对外投资提速增效,中国海尔股份公司 54 亿美元收购通用电气家电业务是一大亮点。仅在 2015 年,中泰铁路、雅万高铁等全部采用中国技术、中国标准、中国装备的境外铁路项目纷纷启动。跨境电商方面也迈出重要步伐。2015 年 3 月,中国杭州开展跨境电子商务综合试验区工作，监管创新、金融扶持、信用管理等体制机制创新释放"红利"。截至 2015 年 11 月底，杭州跨境电子商务交易规模从 2014 年不足 2000 万美元快速增至 30.4 亿美元。中国对外投资在带动世界经济增长、促进互利共赢方面发挥了重要作用。"引进来"与"走出去"基本平衡的双向投资布局日渐完善。

为全面介绍中国履行加入世界贸易组织承诺的实践，阐释中国参与多边贸易体制建设的原则立场和政策主张，阐明中国推进更高水平对外开放的愿景与行动，2018 年 6 月，中国政府发表《中国与世界贸易组织》白皮书。这是中国首次就这一问题发表白皮书。白皮书全文约 1.2 万字，除前言、结束语外，共包括中国切实履行加入世贸组织承诺、中国坚定支持多边贸易体制、中国加入世贸组织后对世界作出重要贡献、中国积极推动更高水平对外开放 4 个部分。白皮书表明，自加入世贸组织以来，中国始终坚定支持多边贸易体制，全面参与世贸组织各项工作，推动世贸组织更加重视发展中成员的关切，反对单边主义和保护主义，维护多边贸易体制的权威性和有效性，与各成员共同推动世贸组织在经济全球化进程中发挥更大作用。

开放带来进步，封闭自然落后。着眼世界发展大势和时代发展大潮，习近平指出，今后要以"一带一路"建设为重点，坚持"引进来"和"走出去"并重，遵循共商共建共享原则，加强创新能力开放合作，形成陆海内外联动、东西双向互济的全面开放新格局。并且还提出赋予自由贸易试验区更大改革自主权，探索建设自由贸易港。这表明中国开放的大门不会关闭，只会越开越大。

八、推进国防和军队现代化

建设现代化正规化革命军队

打得赢，不变质

推进国防和军队改革

中国特色强军之路

经过新中国成立以来军队正规化建设和斗争实践，中国国防和军队建设逐渐迈上了以现代化为中心和导向的发展道路。中共十一届三中全会以来，人民军队实现了跨越式的发展。改革开放 40 年，是人民解放军经受各种复杂考验、始终保持人民军队革命本色的 40 年，是自觉在国家建设大局下行动、积极支持国家经济社会发展的 40 年，是中国人民解放军砥砺奋进、全面推进国防和军队现代化、实现整体性革命性重塑的 40 年。

建设现代化正规化革命军队

整个 20 世纪 80 年代，是中国国防和军队改革较为频繁、且力度较大的时期。作为这一时期国防和军队建设的战略总指挥，邓小平总是从解决最深层、最根本的问题入手，指导全局和推动工作。改革开放初期，在领导国防和军队建设的工作中，邓小平思考和关注最多的就是指导思想的转变。1981 年 9 月，邓小平指出："我军是人民民主专政的坚强柱石，肩负着保卫社会主义祖国、保卫四化建设的光荣使命。因此，必须把我军建设成为一支强大的现代化、正规化的革命军队。"1988 年，中央军委制定了《关于加快和深化军队改革的工作纲要》，再次明确提出：军队改革的总任务，就是要建立适应国际战略环境，适应国民经济发展水平和国防建设需要、适应现代战争要求的军事体制和运行机制，把我军建设成为具有中国特色的现代化、正规化革命军队。这一时期军队建设的总目标，不是对 20 世纪 50 年代人民军队正规化、现代化目标的简单重复，而是吸取以往"单纯军事观点"和"政治可以冲击一切"等错误倾向的教训，对此前目标在更高基础上的继承和发展。在这一新的战略目标中，革命化是前提，现代化是中心，正规化是保证，三者相互联系、相互促进。

建设强大的现代化、正规化革命军队，必须把革命化建设放在第一位，坚持人民军队全心全意为人民服务的宗旨。邓小平深刻地分析了新时期军队面临的复杂环境，对加强人民军队革命化建设给予了极大的重视。邓小平曾为人民军队立下了一条重要规矩，即"军队不能打自己的旗帜"。他指出："军队、国家政权，都要维护这条道路、这个制度、这些政策"，要成为党的基本路线及其方针政策的忠实执行者和坚定捍卫者。邓小平总是从党性与人民性的一致性强调军队的性质。1989 年，邓小平在接见首都戒严部队军以上干部时的讲话中指出："我讲考试合格，就是指军队仍然是人民子弟兵，这个性质合格。"在即将卸任离开军委领导岗位时，他语重心长地嘱托："我确信，我们的军队能够始终不渝地坚持自己的性质。这个性质是，党的军队，人民的军队，社会主义国家的军队。"这就从领导制度、根本宗旨、核心职能 3 个方面，周密而严谨地界定了人民军队的革命化性质。

没有雄厚的经济基础，就不会有强大的现代化的国防。加强国防必须首先发展经济，是一个规律。因此，邓小平反复强调："军队要服从整个国家建设大局。"正是从这个大局出发，邓小平提出了"军队要忍耐""军队要过苦日子"的思想。邓小平曾指出："四化总得有先有后。军队装备真正现代化，只有国民经济建立了比较好的基础才有可能。"1985 年 6 月，基于对战争与和平问题的新判断，根据国家经济建设大局的需要，邓小平果断提出军队和国防建设指导思想实行战略性转变，即从准备"早打、大打、打核战争"的临战状态，真正转变到和平时期军队的现代化与正规化建设轨道上来。

在邓小平的主持下，人民解放军坚持在以国家经济建设为中心的大局下行动，着重解决了"消肿"问题。在当时，中国每个军区都有十几名甚至几十名领导，对此，邓小平指出，"我们必须清醒地看到，我们存在的一个最大问题，就是军队很臃肿。真正打起仗来，不要说指挥作战，就是疏散也不容易。"因此，"体制问题，实际上同'消肿'是一个问题的两方面。要'消肿'，不改革体制不行。"于是，1980年8月5日，中共中央转批中央军委《关于军队精简整编方案》。这次精简整编工作从1980年第四季度开始实施，于1981年底基本完成，全军总员额减少了83万人。1982年六七月间，中央军委召开座谈会，明确军队体制改革、精简整编的原则是精兵、合成、平战结合、提高效能。会议决定，在1980年精简的基础上，再进一步调整和改革全军的体制编制。这一次精简整编的重点是改革兵种领导体制。经过精简改革，至1983年，人民解放军员额缩减至400万人，共减少5个军区级单位、21个军级单位、28个师级单位。尽管这次裁军的力度很大，但邓小平仍不满意，在整编方案上批示："这是一个不能令人满意的方案，现在可以作为第一步实行，以后还得研究。"

1984年11月1日，国庆35周年大阅兵刚过，中央军委在京西宾馆召开座谈会，全军各大单位的领导齐聚一堂。"从哪里讲起呢？"邓小平随和、亲切地望着会场上的诸位高级将领，"这次阅兵国际国内反映都很好。但我说有个缺陷，就是80岁的人来检阅部队，本身就是个缺陷。这表明我们军队高层领导老化，这种状态不改变不行。"如何改变？仍然是"消肿"。尽管经过此前的裁军，人民解放军员额已降至 400 万人，但是基本情况却是机关庞大、官多兵少，官兵比例为 1：2.45。对此，邓小平一针见血地指出，现在不是"肿"在作战部队，而是"肿"在各级领导机关，因此与其说是"精兵"，不如说是"精官"。"精简整编，着重精简军以上的人员、干部和机构。精简整编，要搞革命的办法。一次搞好了，得罪人就得罪这一次。用改良的办法，根本行不通。"

这次，邓小平拿定了主意，要采取革命性的行动——裁减员额 100 万！当时，中国面对的国际形势并不乐观，而裁军百万意味着军队将减少四分之一的员额。这个决策的作出需要对国内外形势有准确的判断和科学的预见，需要有坚定的决心和超人的胆略。邓小平指出："我们下这样大的决心，把中国人民解放军的员额减少一百万，这是中国共产党、中国政府和中国人民有力量、有信心的表现。它表明，拥有十亿人口的中华人民共和国，愿意并且用自己实际行动对维护世界和平作出贡献。"

1985 年成为中国的"裁军年"。这一年，中国人民解放军三总部机关的人员编制，比整编前精简了近一半，原先的 11 个大军区精简合并为 7 个，减少军级以上的单位 31 个，撤销师团级单位 4050 个；县市人民武装部改归地方建制，干部战士退出了现役，各级领导班子都减少了副职的干部，机关、部队的 76 种职务，由军官改为士兵担任。这次大裁军与以往不同，并不是简单地裁减人员，而是军队结构性的大调整，标志着我国国防和军队建设的指导思想已经由准备"早打、大打、打核战争"，转到围绕现代化建设这个中心全面提高指挥和打赢现代化战争能力的基础上来。事实正如邓小平所说，"减少一百万，实际上并没有削弱军队的战斗力，而是增强了军队的战斗力。"

打得赢，不变质

20 世纪 80 年代末 90 年代初，国际形势发生了巨大而深刻的变化，二战后形成的两极格局终结，世界多极化、经济全球化初见端倪。1991 年，海湾战争爆发，使全世界的人都看到了一种全新的战争形态和战争方式：陆、海、空、天、电多维一体，指挥控制系统和侦察监视系统、精确制导武器、隐形飞机等高技术武器装备成为制约战争胜负的重要因素。一场世界性的军事变革由此展开。在这一背景之下，中国能否跟上世界军事发展的趋势，打赢未来可能发生的高技术战争？人民解放军能否保持人民军队的性质、本色和作风，始终成为党绝对领导下的革命军队？随着两个历史性课题的解决，人民军队国防和军队现代化建设进一步推进。

江泽民结合新的实践和发展，进一步丰富和发展了军队"三化"建设的总目标，及时调整和完善发展战略和总体思路，确保国防和军队现代化建设朝着正确的方向快速发展。1990 年 12 月，江泽民在总参工作会议上明确提出了军队建设的基本标准：政治合格、军事过硬、纪律严明、保障有力。接着在次年的"七一"讲话中，他又补充了"作风优良"，这就完整地形成了军队建设"五句话"总要求。"五句话"总要求的提出，从认识论和方法论的高度确立了全面推进军队建设的指导思想，是对军队建设总目标的具体化和规范化，使实现军队建设总目标成为部队经常性的基本活动。

海湾战争爆发后，江泽民 3 次参加关于海湾战争的研讨会，提出要看清国际形势的变化，研究将来的战争究竟怎样打，下大气力发展国防科技，通盘考虑国防和军队建设问题。1993 年 1 月，中央军委扩大会议在军事战略上实行重大调整，把军事斗争准备的基点放在打赢现代技术特别是高技术条件下的局部战争上。这一新时期军事战略方针抓住了军队建设的主要矛盾，为国防和军队建设提供了科学依据，指明了发展方向。2000年12月召开的中央军委扩大会议又提出了军队建设要完成机械化和信息化建设双重任务，以及实现跨越式发展的新思路。

1995年12月，中央军委扩大会议通过《"九五"期间军队建设计划纲要》，明确提出科技强军战略和"两个根本性转变"的战略思想，即在军事斗争准备上，由准备应付一般条件下局部战争向准备打赢现代技术特别是高技术条件下局部战争转变；在军队建设上，由数量规模型向质量效能型、由人力密集型向科技密集型转变。实行"两个根本性转变"，要求重点加强国防科研，改善武器装备，提高官兵的科技素质，建立科学的体制编制，提高科技创新能力和科学管理水平，是对人民解放军建设新模式的确定。

"两个根本性转变"的提出，标志着中国特色军事变革的开始。1992年下半年至1994年底，全军体制编制进行了初步调整精简。1997年9月，中共十五大宣布中国在80年代裁减军队员额100万的基础上，将在3年内再裁减军队员额50万。通过精简和调整，陆军部队的比重下降，海军、空军、第二炮兵部队的比重上升，向合成和小型化、轻型化、多样化的方向迈进了一步。装备管理体制和后勤保障体制初步理顺。体制编制调整改革取得实质性进展，初步达到了精简员额、收缩摊子、优化结构的目的，为进一步实现"精兵、合成、高效"创造了条件。

与此同时，为适应改革开放和发展社会主义市场经济新形势，对兵役制度和士官制度进行了改革。1998年12月，九届全国人大常委会第六次会议通过"关于修改兵役法的决定"，对兵役制度作了重大调整，实行"两个结合"兵役制度，把志愿兵制度提升到与义务兵制度同等重要的地位，缩短了义务兵服现役期限，完善了预备役制度。这是保证新形势下兵役工作顺利进行的重大举措。1999 年 6 月颁布新修订的《中国人民解放军现役士兵服役条例》，对现役士兵服役制度特别是士官制度进行了重大改革。1999 年 12 月 1 日起，新的士官制度开始实施，人民解放军士兵队伍专业化程度不断提升，士官成为军队建设的一支重要力量。

推进国防和军队改革

新世纪新阶段，国家改革步伐快捷强劲，世界军事变革深入发展。中共中央、中央军委牢牢把握这一时代特征，坚持解放思想、实事求是、与时俱进，积极推进国防和军队建设各领域改革。

2005 年 4 月的一次军委会议上，胡锦涛提出新形势下推进国防和军队改革的基本思路。2007 年 10 月，中共十七大对深化国防和军队改革作出重要部署：调整改革军队体制编制和政策制度，逐步形成一整套既有中国特色又符合现代军队建设规律的科学的组织模式、制度安排和运作方式；调整改革国防科技工业体制和武器装备采购体制，提高武器装备研制的自主创新能力和质量效益。由此，国防和军队新一轮改革深入推进。

信息化时代，军事力量的角逐越来越凸显为高素质人才的较量。2004 年 12 月，胡锦涛作出重要指示：必须采取超常措施，加快解决我军人才匮乏特别是联合作战指挥人才不足的问题。外部竞争压力和内部需求拉力，构成这 10 年人才提速的时代逻辑。高素质新型军事人才在建设信息化军队、打赢信息化战争的时代浪潮中集团生长，成批造就。人民解放军第一支常规导弹部队的成长历史，恰好与实施人才战略工程合拍。组建以来，该旅先后培养出 6 名博士、69 名硕士，向兄弟部队输送 600 多名骨干人才和 6 名导弹旅长。从整体上来讲，经过 10 年努力，军队人才队伍结构整体优化，作战部队领导班子年龄结构更趋合理，大批优秀年轻干部走上领导岗位，以两院院士为代表的科技领军人才科研攻关能力不断增强。对此，《2010 年中国的国防》这样表述："以联合作战指挥人才、信息化建设管理人才、信息技术专业人才、新装备操作和维护人才培养为重点，深入推进指挥军官、参谋、科学家、技术专家和士官队伍建设。"与此同时，拓宽了人才成长路径，2009 年冬，军队征召 10 万名大学生进军营，优化了兵员结构，提高了兵员素质。随之而来的是人民解放军人才综合素质明显提高。截至 2012 年，人民军队干部中有本科以上学历的上升到 80%，研究生学历的上升到 20%，涌现出一批双学士飞行员、博士舰长、硕士博士师长军长。

在全面建设小康社会进程中，为更好地实现富国和强军的统一，中共中央和中央军委统筹新形势下国防建设和经济建设，积极探索军民结合、寓军于民的新途径、新方法，逐渐走出了一条中国特色军民融合式发展路子。走出一条中国特色军民融合式发展路子，是中共十七大正式提出来的。此前，胡锦涛于 2005 年全国两会期间提出了军民融合式发展的重要设想。他说，坚持和落实科学发展观，包括处理好国防建设和经济建设的关系，要依托国家经济社会发展，把国防建设融入现代化建设全局之中，统筹国防资源与经济资源，注重国防经济和社会经济、军用技术和民用技术、军队人才和地方人才的兼容发展，进一步形成国防建设和经济建设相互促进、协调发展的良好局面。

军民融合如一家，试看天下谁能敌。当今时代，信息化战争条件下的体系对抗，实质上是以国家整体实力为基础的体系对抗。谁能在战争需要时迅速把国家雄厚的经济实力转变成军队作战能力，谁就能保持强盛。环顾世界，启示颇多。在伊拉克战争中，美国硅谷有600家公司与美国国防部签订了服务合同，硅谷俨然成为一个"武器库"。有人曾形象地说，新时期搞军民融合式发展，其实就是信息化条件下人民战争的再现。此言不无道理。以通信领域为例，军队依托国家CDMA网络构建了军用移动通信应用系统，只投入1%的经费，就可以使用覆盖全国的移动通信网络。也就是说，军用手机在公众网覆盖的地方都可以顺畅通信，在汶川抗震救灾、奥运会和世博会安保等重大任务中发挥了不可替代的作用。

在胡锦涛的大力推动下，军民融合由以往主要局限在国防科技工业领域，逐步拓展到涉及国防和军队建设各个领域，呈现出全方位、全要素、成体系的突破。一位研究国防经济多年的军队专家曾说，他对军民融合成就感受最深的，就是武器装备科研生产取得重大进展。"20多年前我到军工企业调研，受到的打击很大，有的企业甚至还在用北洋时期留下的老机器。如今，借助改革开放和军民融合带来的春风，一批骨干军工企业发展壮大，研制的新一代巡航导弹、主战坦克、主战飞机和舰艇陆续列装部队，实现了装备的升级换代。"事实上，更令人振奋的是，军民技术转换体系初步形成。一些民营高新企业踊跃"参军"，从载人飞船到军用飞机的研制，都活跃着他们的身影。国防科技工业对国民经济带动作用也日益明显，10余万项军工技术转为民用。

中国特色强军之路

兵者，国之大事。2014年10月31日，习近平在全军政治工作会议上意味深长地说："国家大柄，莫重于兵。"历史的经验证明，强国必须强军，军强才能国安。回顾过去，中国有正反两方面的经验教训，既有因为兵弱而挨打的时候，也有因为不畏强敌，关键时候敢于亮剑，顶住压力，维护了国家独立、自主、安全的时候。中国不称霸，但要防止沦为称霸者的"肥肉"。因此，2017年8月1日，习近平在庆祝中国人民解放军建军90周年大会上的讲话中指出："站在新的历史起点上，我们更加深切地感受到，中华民族走出苦难、中国人民实现解放，有赖于一支英雄的人民军队；中华民族实现伟大复兴，中国人民实现更加美好生活，必须加快把人民军队建设成为世界一流军队。"

思想是行动的先导，理论是实践的指南。推进新时代的强军事业，首先需要新时代的强军思想。习近平作为中共中央的核心、全党的核心和军队统帅，以马克思主义政治家的巨大理论勇气和战略智慧，对国防和军队建设作出深邃思考和战略筹划，提出一系列新思想新观点新论断新要求，深刻回答了新时代"人民军队听谁指挥、怎样铸牢军魂""为什么强军、怎样强军""打什么仗、怎样打胜仗"等基本问题，形成了内涵丰富、博大精深的科学思想体系，升华了中国共产党对军事指导规律的认识，把马克思主义军事理论和当代中国军事实践提升到新境界。中共十九大将习近平强军思想作为习近平新时代中国特色社会主义思想的重要组成部分，把坚持党对人民军队的绝对领导纳入新时代坚持和发展中国特色社会主义的基本方略，全面部署新时代的强军事业，标志着党的军事指导理论的与时俱进。现在，中国特色社会主义进入了新时代，国防和军队建设也进入了新时代。在新的历史起点上全面推进国防和军队现代化，既面临难得的历史机遇，也不可避免地会遇到许多重大挑战、重大风险、重大阻力、重大矛盾。在党和军队历史上，越是处在国家和民族的重大关头、越是处在建设和发展的关键时期，就越需要发挥思想理论的引领作用，凝聚攻坚克难的强大精神力量。

2012 年 11 月 29 日，习近平在国家博物馆参观《复兴之路》展览时，第一次阐释了实现中华民族伟大复兴的中国梦。相隔不到 10 天，习近平第一次离京赴外地视察。在会见驻广州部队师以上领导干部时，他再次谈到中国梦："这个伟大的梦想，就是强国梦，对军队来讲，也是强军梦。"由此可见，强军梦是中国梦的重要组成部分，实现强军梦，是实现中国梦的前提之一。"军事上的落后一旦形成，对国家安全的影响将是致命的。我经常看中国近代的一些史料，一看到落后挨打的悲惨情景就痛彻肺腑！"习近平告诫全军，新军事革命为我们提供了千载难逢的机遇。我们必须到中流击水，不改不行，改慢了也不行。这是我们回避不了的一场大考，军队一定要向党和人民、向历史交出一份合格答卷。在这里，所谓"中流"就是强军之路，而"到中流击水"，就是要以敢于担当、不畏困难、披荆斩棘的勇气去实现强军梦。中共十八大以来，站在实现中华民族伟大复兴中国梦的战略高度，着眼实现强军目标、建设世界一流军队，习近平勇挑千钧之担，刚毅果断，亲自谋划推动国防和军队建设，引领全军官兵开启强军兴军新征程。

2013 年 3 月，习近平在十二届全国人大一次会议解放军代表团全体会议上明确提出："建设一支听党指挥、能打胜仗、作风优良的人民军队,是党在新形势下的强军目标。"2013 年 11 月,中共十八届三中全会通过《中共中央关于全面深化改革若干重大问题的决定》,其中,明确将深化国防和军队改革纳入总体布局,并指出改革的 3 大方向——深化军队体制编制调整改革、推进军队政策制度调整改革、推动军民融合深度发展。习近平亲自担任深化国防和军队改革领导小组组长、军委联指总指挥和中央军民融合发展委员会主任。此后,十八届中央政治局先后 6 次围绕军事相关问题组织集体学习,议题涵盖建设海洋强国、世界军事发展新趋势和推进我军军事创新、深化国防和军队改革等。2015 年 7 月 22 日、29 日,习近平分别主持召开中央军委常务会议和中央政治局常委会会议,审议和审定《深化国防和军队改革总体方案》。2015 年 11 月 24 日,中央军委改革工作会议在京召开,确立了深化国防和军队改革的指导思想、目标任务和战略举措。今天的中国军队,正处在由大向强的"关键一跃",强军改革正在为"这一跃"集聚着磅礴伟力。在新时代的强军思想指引下,经过 5 年强军实践,人民军队重整行装,实现了政治生态重塑、组织形态重塑、力量体系重塑、作风形象重塑,在中国特色强军之路上迈出了坚实步伐。

第一,贯彻政治建军方略,确保了我军建设坚定正确的政治方向。

政治建军是人民解放军的立军之本。中共十八大以来,习近平和中央军委高度重视从思想上、政治上建设和掌握部队的工作,作了一系列重大决策部署,实施了一系列重大战略举措。白墙青瓦的古田会议会址庄重古朴,"古田会议永放光芒" 8 个大字熠熠生辉。这里是中国共产党确立思想建党、政治建军原则的地方,是人民军队政治工作奠基的地方,是新型人民军队定型的地方。早在福建工作期间,习近平就先后

7次来到这里，大力倡导和弘扬古田会议精神。2014年10月31日，习近平来到会址前，亲切接见出席全军政治工作会议的全体代表，随后带领全体中央军委委员一起参观会址。习近平再次仔细观看了会址各个场所，在一幅幅照片和展板前驻足察看，并不时就有关问题向讲解员提问。他来到当年毛泽东作政治报告的厅堂，凝望着廊柱上富有鲜明战斗性的标语，注视着当年会议代表取暖留下的斑斑炭火印迹，同大家一起回忆先辈们探寻革命道路时筚路蓝缕、艰辛奋斗的情景，并向大家介绍他每次来古田参观的情形和感受。

午餐时间到了，习近平走进餐厅，同11位部队基层干部和英模代表围坐在一起，红米饭、南瓜汤，大家津津有味地吃起了"红军饭"。习近平总书记同大家边吃边谈，回顾老红军艰苦卓绝的战斗岁月。习近平语重心长叮嘱大家，青年一代是党和军队的未来和希望，革命事业靠你们接续奋斗，优良传统靠你们继承发扬。军队政治工作要大家一起来做，基层做好工作是重要环节。要带头学传统、爱传统、讲传统，带动部队官兵传承好红色基因、保持老红军本色。下午，习近平总书记出席全军政治工作会议并发表重要讲话。他精辟地概括出"十一个坚持"的优良传统，尖锐地指出了10个方面突出问题，鲜明强调"四个牢固立起来""五个着力抓好"。在这次重要会议上，习近平深刻阐明新的历史条件下党从思想上、政治上建设军队的重大问题，鲜明提出人民军队政治工作时代主题。

不忘初心，继续前进。人民军队从古田重整行装再出发。例如，聚焦习近平在古田全军政治工作会议上指出的10个方面突出问题，全军着力整顿思想、整顿用人、整顿组织、整顿纪律，集中开展干部工作大检查、财务工作大清查、清房清车清人、基层风气8个"专项清理整治"，逐项过筛子查纠，拉网式起底严治，对违规提升、涂改档案等问题的当事人和相关责任人，分别作出组织处理和纪律处分，追查违规开支 6.56 亿元，仅 2015 年就清退不合理住房 9632 套、压减公务车辆 24934 辆……另一组数据，直观展现出作风建设带来的巨大变化：2015 年，军以上机关行政消耗性开支同比下降 50% 以上，全军各大单位压减大项会议和活动 110 多个。与此同时，全军 8.1 万多名团以上领导和机关干部蹲连住班，军级以上单位投入经费 80 多亿元解决基层取暖用电、吃水洗澡、看病等实际困难，帮助 4 万多名官兵家属就业和子女入学入托。

第二，全面实施改革强军战略，国防和军队改革实现历史性突破。

在中国进入由大向强发展的关键阶段，习近平放眼世界、纵观全局、审时度势，着眼今后 20 年、30 年国防和军队发展设计和塑造军队未来，把深化国防和军队改革纳入全面深化改革的总盘子，上升为党的意志和国家行为。2015 年 11 月 24 日，中央军委召开改革工作会议，习近平发出全面实施改革强军战略、坚定不移走中国特色强军之路的伟大号召，开启了人民解放军历史上一场整体性革命性变革。

自中央军委改革会议召开以来，各项改革工作迅速展开，重点解决"脖子以上"改革问题，在领导指挥体制改革方面取得重要突破，构建起军委—战区—部队的作战指挥体系和军委—军种—部队的领导管理体系。一是改革军委领导管理体制。此次改革，将原有的总参谋部、总政治部、总后勤部、总装备部 4 个总部，改为军委机关"一厅、三委、六部"15 个职能部门。新的军委机关组建完成后，抓紧完善运行机制，各项工作有序展开。二是健全军兵种领导管理体制。2015年 12 月 31 日，中国人民解放军陆军领导机构、中国人民解放军火箭军、中国人民解放军战略支援部队成立大会在八一大楼举行。习近平向陆军、火箭军、战略支援部队授予军旗并致训词。陆军领导机构组建以来适应陆军建设发展新要求，聚焦建设一支什么样的陆军、怎样建设好陆军这一重大课题，研究制定一项项规章制度。自战略支援部队组建以来，紧紧盯住制约军队联合作战的瓶颈，以组织开展军事工作筹划研究起步，围绕如何理解任务、如何建设发展、如何在更高起点上开好局，广泛开展调查研究和座谈交流，对部队职能定位、编成结构、领导指挥体制等重大问题进行持续研究论证。三是推进联合作战指挥体制改革。2016 年 2 月 1 日，中国人民解放军战区成立大会在八一大楼举行。习近平向东部战区、南部战区、西部战区、北部战区、中部战区授予军旗并发布训令。原七大军区调整为五大战区，组建战区联合作战指挥机构，是构建军队联合作战体系的历史性进展。

第三，大力推动科技兴军，加快军队建设向质量效能型和科技密集型转变。

当今世界，新一轮科技革命和产业革命正在孕育兴起，世界新军事革命加速推进，科学技术在军事领域的广泛运用引起战争形态和作战方式深刻变化，日益成为影响战争胜负的重要因素。习近平顺势而为、乘势而上，紧跟世界军事科技发展潮流，适应打赢信息化局部战争要求，坚持向科技创新要战斗力，大力推动科技兴军，奋力开拓强军事业发展新境界。

表现在武器装备的发展方面，"中国武器装备发展呈现井喷"，而外媒也屡屡用这样的字眼来感叹中国武器装备的快速发展。自 2013 年以来，中国新型尖端武器频繁出现在公众视野，从年初运-20 成功首飞到歼-20 的多次试验，从武直-10、052C 型驱逐舰的批量服役到 056 型护卫舰的批量建造等，无不体现了中国武器装备欣欣向荣的发展景象。随着中国经济的快速发展以及综合国力的提升，造就了当前多款新型武器列装和频繁试验的景象。尤其是中国海军的力量由于新型战舰的密集入列而得以大大加强。2013年，"辽宁号"航母用了仅仅不到一年的时间即完成了从首次出海训练到初步形成战斗力的跨越，歼-15舰载机从首次起降到首次驻舰起飞和短矩滑跃起飞，不断取得突破。2013年1月31日，"长春号"导弹驱逐舰入列东海舰队，10月27日，同为052C型的"济南号"导弹驱逐舰在东海舰队某军港的照片突然被曝光，12月26日，同型号新型"郑州号"驱逐舰入列东海舰队，一年内3艘新型战舰入列东海舰队，拉开了东海舰队新一轮密集更换战舰的序幕。公开报道统计，2013年有17艘新型战舰入列中国海军各个舰队，入列战舰总数量居世界第一。

当然，空军和陆航新型战机研发、列装也喜报频传。2013年1月26日，运-20大型军用运输机首飞成功，在多位军事专家看来，其首飞成功的意义堪比载人航天，这意味着中国空军向战略空军层次迈出了坚实的一步。此外，歼-20、歼-31战机试飞的身影一直不断。12月23日，被称为"直-20"的国产中型通用直升机成功首飞，填补了国内空白型号。直-10、直-19武装直升机自2012年珠海航展亮相后，其批量装备部队的画面不断出现在公开报道中，这两款直升机可以说是中国武装直升机产业的一次华丽转身，两款机型作为高低搭配，可以满足中国陆航部队的需要。此外，中国于2013年底完成了两型有很大威慑力导弹的试射，这两次导弹试射引发外界对中国核打击能力的高度关注。这两型导弹被外媒视为中国未来20年战略核威慑的中坚力量，意义重大。

第四，深入推进依法治军，国防和军队建设法治化水平不断提升。

中共十八大以来，在中共中央、中央军委和习近平的坚强领导下，国防和军队法治化进程全面推进，军事立法、执法、司法、法治宣传教育和涉军维权法律服务等各项工作亮点频出，人民军队在依法治军、从严治军的征途上迈出了坚实步伐，军事法治建设的创新发展令世人瞩目。2012年12月，刚就任军委主席的习近平在广州军区调研时，首次强调国防和军队建设务必坚持"三个牢记"，其中要始终牢记"依法治军、从严治军是强军之基"，将依法治军、从严治军提升到实现"强国梦""强军梦"的时代高度，确立了军事法治建设在国防和军队建设中的基础地位，为实现党在新形势下的强军目标提供了基本遵循。

2014年10月，在习近平的亲自倡导下，中共十八届四中全会通过的《中共中央关于全面推进依法治国若干重大问题的决定》中，将有关依法治军、从严治军的内容单独作为一部分写进去，并明确提出"深入推进依法治军、从严治军"的战略目标。同年12月，在中央军委扩大会议上，习近平全面系统地阐述了依法治军、从严治军的丰富内涵，首次将其由治军方针层级上升到治军基本方略的高度。2015年2月21日，经习近平批准，中央军委印发《关于新形势下深入推进依法治军从严治军的决定》，这是我军历史上第一个关于加强军事法治建设的专门决定。

中共十八大以来，在中共中央、中央军委和习近平的一系列决策部署和反复强调下，依法治军在国防和军队建设与改革中的地位和作用日益凸显，军事法治建设的总体布局和宏观规划初见端倪，国防和军队法治化水平不断提高。这其中，尤其突出的表现是：军队执法监督执纪问责的力度越来越大，军队党风廉政建设和反腐败斗争的"螺丝"越拧越紧，彻底改变了过去徐才厚、郭伯雄等对军队建设造成的负面影响，肃清了他们的流毒，军营上下清风拂面、正气充盈。

2014 年 3 月 15 日，中共中央依照党的纪律条例，决定对徐才厚涉嫌违纪问题进行组织调查。经审查，徐才厚利用职务便利，为他人晋升职务提供帮助，直接或通过家人收受贿赂；利用职务影响为他人谋利，其家人收受他人财物，严重违反党的纪律并涉嫌受贿犯罪，情节严重，影响恶劣。2014 年 6 月 30 日，中央决定开除徐才厚党籍、军籍，取消其上将军衔。2015 年 3 月 15 日，徐才厚因膀胱癌医治无效死亡，根据《中华人民共和国刑事诉讼法》第十五条的规定，军事检察院对徐才厚作出不起诉决定，其涉嫌受贿犯罪所得依法处理。2015 年 4 月 9 日，中共中央依照党的纪律条例，决定对郭伯雄进行组织调查。经审查，郭伯雄利用职务便利，为他人谋取职务晋升等方面利益，直接或通过家人收受贿赂，严重违反党的纪律，涉嫌受贿犯罪，情节严重，影响恶劣。2015 年 7 月 30 日，中共中央政治局会议审议并通过中央军委纪律检查委员会《关于对郭伯雄组织调查情况和处理意见的报告》，决定给予郭伯雄开除党籍处分，对其涉嫌严重受贿犯罪问题及线索移送最高人民检察院授权军事检察机关依法处理。2016 年 7 月 25 日，军事法院依法对中央军委原副主席郭伯雄受贿案进行了一审宣判，认定郭伯雄犯受贿罪，判处无期徒刑，剥夺政治权利终身，并处没收个人全部财产，追缴的赃款、赃物上缴国库，剥夺上将军衔。

总之，中共十八大以来，军事理论创新与军事实践创造同步发展的伟大历程充分表明，习近平强军思想引领着强军实践，升华于强军实践，是人民军队的根本制胜之道，已经并将继续指引中国人民解放军奋力开拓一个强军新时代。

九、实现国家统一

"实现国家统一是民族的愿望"

"求一国之大同、存两制之大异"

"送别殖民主义、保留资本主义"

坚持"一国两制",推进祖国统一

国家统一是中华民族走向伟大复兴的历史必然。以实现国家统一为己任的中国共产党孜孜以求国家统一、民族复兴。改革开放 40 年来，在延续以毛泽东同志为核心的第一代中央领导集体关于祖国统一思路的基础上，以邓小平同志为核心的第二代中央领导集体提出了"一国两制"和平解决港澳台问题的方针。在此方针指导下，香港、澳门顺利回归，在回归后继续保持了繁荣稳定的局面，两岸关系虽有阴晴，但仍朝着良好方向发展。进入新时代后，以习近平同志为核心的中共中央将国家统一视为民族复兴的题中应有之义，制定了一系列方针和政策，推动了香港、澳门社会经济文化的发展，推进了两岸关系的和平发展。

"实现国家统一是民族的愿望"

"死去元知万事空，但悲不见九州同。王师北定中原日，家祭无忘告乃翁"。南宋诗人陆游这首《示儿》可谓家喻户晓，每每读起，皆能共鸣。一生矢志抗金复国却屡受当权派排斥、打压的陆游，在身患重疾"僵卧孤村"乃至生命垂危之际，仍翘首北望，思绪难平，念念不忘国家大事。山河破碎，百姓涂炭，陆游已经等不到"九州同"的那一天，只能寄希望于有朝一日儿子能将收复国土的喜讯告知九泉之下的自己。悲怆、遗憾的背后，是国家统一的心愿，而这种心愿从古到今，薪火相传，成为华夏子孙抗击外来侵略势力的精神动力！

在当今世界上领土最大的几个国家当中，中国是唯一拥有悠久的统一历史和稳定疆域的国家。统一的国家、文字、文化、纪年及统一理念本身，已经镌刻于中华民族精神之中，成为"不为尧存、不为桀亡"、塑造中国历史大势的强大力量。从历史事实来看，几千年的中国在统一与分裂的二重变奏中，统一始终是鼓舞人心的强劲的主旋律。自从公元前 221 年秦始皇统一中国以来，中国两千余年的历史虽经历了改朝换代，但统一的时间比分裂的时间长得多。就中国统一与分裂的历史发展趋势而言，大的分裂，时间越来越短，而统一的时间则越来越长，统一的规模越来越大，统一的程度越来越高。到清朝，实现了大规模的中华民族的大统一，奠定了如今中国统一的基本版图。

随着时间的钟摆来到清朝末年。国运衰弱的清政府无法抵抗西方列强的坚船利炮，战败的结果是清政府被迫与西方列强签订种种不平等条约，而香港和澳门问题就是历史上殖民主义侵略遗留下来的问题。1840—1842 年中英之间爆发鸦片战争，战争的结果就是清政府被迫与英国签订了《南京条约》，其中规定"将香港一岛给予大英君主暨嗣后世袭主位者常远据守主掌，任便立法治理"。第二次鸦片战争失败后，清政府被迫于 1860 年 10 月同英国签订城下之盟《北京条约》，将香港岛对面九龙半岛南端的尖沙嘴区（即今界限街以南之九龙）割让给英国。到甲午中日战争，中国被日本打败，进一步暴露了清政府的腐败无能，帝国主义列强于是掀起了瓜分中国的狂潮。在这一狂潮中，英国强租中国的威海卫，并提出了拓展香港界址的要求。1898 年 6 月 9 日，清政府代表李鸿章和英国驻华公使窦纳乐在北京签署了《展拓香港界址专条》，强租了沙头角海到深圳湾之间最短距离直线以南、界限街以北的九龙半岛全部（即新界），包括附近的 200 多个岛屿，租借期 99 年，到 1997 年 6 月 30 日期满。

澳门问题的由来与香港问题相似，也是不平等条约的恶果。1557 年葡萄牙人贿赂广东地方官员后，获得了在澳门的生产、贸易和居留权。近代以来，看到清政府窳败的葡萄牙也趁势"拿下"了澳门。1887 年 3 月，葡萄牙逼迫清政府签订了《中葡会议草约》，确认"葡国永驻管理澳门以及属澳之地，与葡国治理他地无异"。12 月正式签字。葡萄牙政府获得了对澳门的永久治理权。

台湾问题是中国国内战争遗留的问题，但与香港、澳门问题一样，根本症结也是近代中国国势衰弱的产物。1895 年，甲午中日战争最直接的后果是清政府和日本签订了《马关条约》，中国政府将台湾、澎湖列岛割让给日本。到 1943 年，世界反法西斯战争胜利曙光初露之时，中、美、英三国在开罗举行会议，会后发表了著名的《开罗宣言》，其中规定要使日本窃取中国之领土，例如东北四省、台湾、澎湖群岛等归还中国。1949 年中华人民共和国成立后，曾经为解放台湾进行了大量的准备工作，但不久美国发动朝鲜战争，派出第七舰队进入台湾海峡，阻碍了人民解放军解放台湾的步伐，解放台湾的计划被迫搁置。1954 年 12 月 2 日，美国与蒋介石集团签订了《共同防御条约》，把台湾、澎湖列岛置于美国的"保护伞下"，阻扰了中国统一，造成了台湾海峡两岸长期隔绝的状态。1978 年 1 月 1 日，美国在承认建交三原则（美国与中国台湾当局"断交"、废除《共同防御条约》以及从中国台湾撤军）的基础上，与中国正式建立外交关系。中美建交后，美国在台湾问题上仍然是两面政策，一方面表示恪守"一个中国"政策，只同台湾保持非官方关系；另一方面继续阻扰中国解决台湾问题，比如就在中美建交不到 3 个月，美国国会就通过了所谓《与台湾关系法》，继续将台湾置于美国的"保护伞下"。

尽管香港、澳门脱离了祖国母亲怀抱，尽管台湾与中国大陆隔峡相望，但港澳台人民渴望祖国统一的心愿始终强烈，始终未变。闻一多先生在 1925 年创作的《七子之歌》就淋漓尽致地表达了港澳台人民对祖国的怀念和赞美——"他们掳去的是我的肉体，你依然保管我内心的灵魂。""母亲！我要回来，母亲！"回归祖国母亲怀抱的呐喊唱出了港澳台人民的心声！晚年羁留台湾的国民党元老于右任身边没有一个亲人，渴望叶落归根，但终未如愿。他悲愤写下《望故乡》：葬我于高山之上兮，望我故乡；故乡不可见兮，永不能忘。葬我于高山之上兮，望我大陆；大陆不可见兮，只有痛哭。天苍苍，野茫茫，山之上，国有殇！诗歌情真意切，悲怆感涕，于右任这个耄耋"髯翁"的故土之思、思乡之苦、黍离之悲，深深触动了每一个炎黄子孙灵魂深处的隐痛。

诚如邓小平所说："我们老祖宗是炎帝、皇帝，炎黄子孙都希望祖国能统一，分裂状况总是违背民族的意志的。"国家统一是千百年来中华民族儿女亘古不变的心愿！作为代表全国各族人民利益的中国共产党，也带着这种爱国的强烈自觉与感情。1948 年，毛泽东就发出了豪迈的宣言，一定要"使中华民族来一个大翻身"，"使中国人民来一个大解放"！邓小平亦言，"实现国家统一是民族的愿望，一百年不统一，一千年也要统一的"。这不仅是对海内外所有炎黄子孙的殷切寄语，更是共产党告示天下要付诸实践的行动誓言。

"求一国之大同、存两制之大异"

在取得全国执政权力前夕，中国共产党就已经把维护国家统一提上了日程。1949年2月，毛泽东对秘密来访的米高扬谈论中国的形势时说："海岛上的事情就比较复杂，需要采取另一种较灵活的方式去解决，或者采取和平过渡的方式，这就要花较多的时间了。在这种情况下，急于解决香港、澳门问题，也就没有多大意义了。相反，恐怕利用这两地的原来地位，特别是香港，对我们发展海外关系、进出口贸易更为有利些。总之，要看形势的发展再作最后决定。"一句话道出了中国共产党根据形势调整自己政策的传统。中国共产党坚持一个中国的原则，具体方针政策则"看形势的发展再作最后决定"，做到了原则性和灵活性的统一。

新中国成立之初，中共中央决定武力解放台湾。1950年朝鲜战争爆发后，美军进驻中国台湾，使中国台湾问题复杂化。于是从20世纪50年代中期开始，中国共产党改变了对台湾的政策，从武力解放台湾转变为和平解放台湾。1956年1月25日，毛泽东在第六次最高国务会议上有针对性地指出："凡是能够团结的，愿意站在我们队伍的人，都要团结起来，不管他过去是做什么的。比如台湾，那里还有一堆人，他们如果是站在爱国主义立场，如果愿意来，不管个别的也好，部分的也好，集体的也好，我们都要欢迎他们为我们的共同目标奋斗。"1963年，周恩来请张治中、傅作义致信陈诚，信中谈到了由毛泽东提出、周恩来概括的中共和平解决台湾问题的具体方案——"一纲四目"。其中，"一纲"指"只要台湾归回祖国，其他一切问题悉尊重台湾领导人意见妥善处理"。"四目"包括"台湾归回祖国后，除外交必须统一于中央外，所有军政大权人事安排悉由台湾领导人全权处理；所有军政及建设费用，不足之数，悉由中央拨付；台湾之社会改革，可以从缓，必俟条件成熟，并尊重台湾领导人意见协商决定，然后进行；双方互约不派人进行破坏对方团结之事"。无论什么样的语词，我们都能看到第一代中央领导集体对祖国统一的殷切希望。只要国家统一，一切问题都可以商量。

和平解放台湾，实现祖国统一是中共第一代领导集体的基本思路，以邓小平同志为核心的第二代领导集体延续这种思路，进一步提出了"一国两制"的构想。1978 年 11 月，邓小平会见一位美国记者时谈到，对于台湾问题，我的想法是可以实行两种制度，让台湾成为地方政府，可以保留现行的资本主义制度。1981 年 9 月 30 日，全国人大常委会委员长叶剑英发表了关于台湾回归祖国实现和平统一的 9 条方针政策，除了提出国共两党对等谈判、实行"三通"（通邮、通商、通航）等之外，其中第三条、第四条就申明保留台湾现有的资本主义制度，史称"叶九条"。1982 年 1 月 11 日，邓小平在会见美国华人协会主席李耀滋时，转述了"叶九条"，并高度概括了"叶九条"的实质，即"一个国家两种制度。两种制度是可以允许的"。1983 年 6 月，邓小平在北京会见美国的大学教授杨力宇，详细地谈了大陆和台湾统一的六条设想，即台湾的地方政府和对内政策上可以搞自己的一套；司法独立，终审权不须到北京；军队独立；大陆不派军政人员驻台；台湾的党政军系统，都由台湾自己来管；中央政府给台湾留出名额。这就是海内外广为传颂的"邓六条"。1984 年六届全国人大二次会议上的《政府工作报告》中，正式提出了"一国两制"的构想及有关政策，获得大会通过后，成为具有法律效力的基本国策。是年 10 月 15 日，《瞭望》周刊发表了邓小平题为《一个国家，两种制度》的文章，进一步将"和平统一，一国两制"的科学构想和基本国策系统化和理论化。这期间，邓小平在多个公开场合传达了和平统一祖国的设想。受此影响，海峡两岸相互敌视的紧张气氛逐渐缓和，从 1988 年春节开始，厦门和金门同时燃放烟花爆竹，共贺新春，五彩缤纷的焰火，给海峡两岸带来了祥和的气氛。

在探索如何解决台湾问题的同时，香港问题也提上了日程。20 世纪 70 年代末期，由于香港"新界"租期即将届满（1997 年 6 月 30 日到期），英国当局不断试探中国政府对香港问题的立场和态度。1979 年春，邓小平在北京会见来访的香港总督麦理浩时透露，中国将于 1997 年收回香港；同时告诉他，中国政府将视香港为一个特别行政区。在 20 世纪和 21 世纪相当长的时间内，"香港还可以搞它的资本主义，我们搞我们的社会主义"。

1982 年秋，英国首相撒切尔夫人访华。当时英国刚刚打赢与阿根廷之间的马尔维纳斯群岛战争，势头正旺。"铁娘子"撒切尔夫人此时正沉浸在胜利喜悦中，幻想北京之行也能为英国赢得一场没有硝烟的战争。9 月 24 日，邓小平和撒切尔夫人在北京人民大会堂正式会面。英国方面早已公开了"决不妥协"解决香港问题的立场，邓小平决定"硬碰硬"。会谈开始前，邓小平对身边工作人员说："香港不是马尔维纳斯，中国不是阿根廷。"会谈一开始，邓小平开门见山提出中国的三个基本立场：一是主权问题。邓小平表示，1997 年中国必须收回香港，不仅要收回新界，而且要收回香港岛、九龙。"中国在这个问题上没有回旋的余地。……如果不收回就意味着中国政府是晚清政府，中国领导人是李鸿章！……人民就没有理由信任我们，任何中国政府都应该下野，自动退出政治舞台，没有别的选择。"二是 1997 年以后中国采取什么方式来管理香港、继续保持香港繁荣的问题。邓小平对此很自信，说："我相信我们会制定出收回香港后应该实行的、能为各方面所接受的政策。"三是中国和英国两国政府要妥善商谈如何使香港从现在到 1997 年的 15 年不出现大的波动。这是邓小平最担心的问题，会谈时他毫不掩饰："我担心的是今后 15 年过渡时期如何过渡好，担心在这个时期中会出现很大的混乱，而且这些混乱是人为的。这当中不光有外国人，也有中国人，而主要的是英国人。制造混乱是很容易的。"邓小平提醒撒切尔夫人："我们还考虑了我们不愿意考虑的一个问题，就是如果在 15 年的过渡时期内香港发生严重的波动，怎么办？那时，中国政府将被迫不得不对收回的时间和方式另作考虑。"这是邓小平首次谈香港问题的"意外"处理，如若出现动荡问题，我们毫不示弱，坚定的态度也断了很多扰乱分子的幻想。谈判中，中国政府有礼有节又有力，英国方面不得不表示接受，最后双方发表了联合公报。本来幻想主权问题上中国会让步，结果落空了。会谈结束后，撒切尔夫人神情恍惚，走出人民大会堂下最后一级台阶时，不慎摔了一跤，香港媒体大做文章："一失足成千古恨。"外电也有了"铁娘子遇到了钢汉子"的戏谑。

邓小平和撒切尔夫人的会谈揭开了中英两国政府关于解决香港问题的外交谈判。谈判维持了整整两年，漫长而艰难。在中英双方不断协商努力下，终于迎来了 1984 年 12 月 19 日下午中英双方关于解决香港问题的联合声明的正式签署仪式。接着，中国政府和葡萄牙政府，同样在"一国两制"方针的指引下举行会谈，并于 1987 年签订了《中葡联合声明》。中英、中葡两个联合声明签订后，全国人民代表大会组织力量，分别花了四五年的时间，制定了香港、澳门两个特别行政区的《基本法》，将两个联合声明法律化、具体化，规定了未来两个特区的制度和政策，以保证"一国两制"分别从 1997 年、1999 年开始在香港、澳门正式实施。

由台湾到香港、澳门问题，以邓小平同志为核心的第二代中央领导集体在继承和发展第一代中央领导集体的思路和经验上，在祖国统一这一事关中华民族根本利益的问题上，始终没有任何妥协和让步，向世人昭示了中国共产党维护祖国统一和安全的坚强意志，打破了国际力量插手中国事务的幻想。在坚持一个中国原则的同时，中国共产党人在具体政策问题上又灵活务实，着眼大局，互利双赢，提出了在港澳台保留资本主义制度的伟大构想。"一国两制"透露的是中国共产党人始终如一的家国情怀与民族复兴的伟大愿望，也体现了以邓小平为代表的中国共产党人的伟大的政治智慧与"最富天才的创造"。

"送别殖民主义、保留资本主义"

"一国两制"的设计师邓小平曾饱含深情地说："我活到 1997 年，就是要在中国收回香港之后，到香港自己的土地上走一走，看一看。"1997 年 2 月 19 日，享年 93 岁的邓小平长辞于世，最终没有等到香港回归后踏上香港土地的那一天。5 个月后，1997 年 7 月 1 日 0 点 0 分 0 秒，高悬在中国香港土地上 150 多年的英国米字旗颓然降下，五星红旗冉冉升起在这块土地上空。0 点 4 分，中华人民共和国主席江泽民庄严宣告："中国对香港恢复行使主权。中华人民共和国香港特别行政区正式成立。这是中华民族的盛事，也是世界和平与正义事业的胜利。"交接仪式结束后，举行了中华人民共和国香港特别行政区成立暨特区政府宣誓就职仪式。在当天上午 10 点举行的香港特区成立庆典仪式上，出现了动人的一幕，邓小平夫人卓琳一家四人应邀出席。当香港首任行政长官董建华向全场介绍卓琳到来的时候，现场回荡着持久的掌声，卓琳起来鞠躬敬礼时，掌声又经久不息。这掌声蕴含了对"一国两制"设计师邓小平深刻的感激与缅怀。

两年多以后，1999 年 12 月 19 日午夜至 20 日凌晨，中葡两国政府举行澳门政权交接仪式。葡萄牙国旗和澳门市政厅旗降下，中华人民共和国国旗和中华人民共和国澳门特别行政区区旗冉冉升起。中华人民共和国主席江泽民庄严宣告："中国政府对澳门恢复行使主权。历史将永远记住这一举世关注的重要时刻。从这一刻起，澳门的发展进入了一个崭新的时代。"

香港、澳门成功回归，全球华人为之振奋，但就在这种喜悦氛围中出现了不和谐的声音，西方一些媒体开始"唱衰"香港、澳门，美国著名的《财富》杂志曾在香港回归前就以"香港之死"为题做封面，预言回归后的香港将不再繁荣。确实，香港、澳门回归后，面临着以前殖民统治遗留下来的种种问题和亚洲金融危机带来的严重影响，能否继续保持繁荣和稳定？香港、澳门问题解决了，台湾问题又该如何解决？这些都摆在了中国政府面前。总的来说，在"一国两制"方针提出后的 20 多年中，中国共产党始终不渝地坚持这一方针，推动了祖国统一大业的发展。

香港、澳门回归后，中国共产党更加全面地贯彻"一国两制"方针。首先是继续把"一国两制"作为处理香港、澳门事务的基本方针。香港、澳门始终是祖国的一部分，内地为其提供有力支持；同时，中国国家的主体是实行社会主义制度，香港、澳门继续实行原有的资本主义制度、生活方式不变，坚持港人治港，澳人治澳。其次是坚持依法治港，依法治澳，按照特别行政区的基本法办事，为香港、澳门长期繁荣稳定和发展提供重要保证。再次是坚持集中精力发展经济、改善民生。最后是维护社会和谐稳定，为香港、澳门长期繁荣稳定和发展创造有利的社会环境。在这些基本方针保证和引导下，告别了殖民主义、保留了资本主义的香港、澳门顶住了金融危机的负面影响，保持了经济的稳定发展；法治水平得到稳步提升；广大香港、澳门同胞当家作主、依法享有广泛自由和民主权利；香港、澳门居民生活持续改善，社会大局和谐稳定，各项事业全面进步，对外交往不断扩大，各方面事业得到显著的推进和提高。这些成绩让"唱衰香港"的论调最后不攻自破，证明了"一国两制"是解决历史遗留的香港、澳门问题的最佳方案。

相较而言，台湾问题比较棘手。自从李登辉、陈水扁相继上台后，加剧分裂活动，逐步背弃一个中国的原则。针对种种分裂行径，1995 年 1 月，江泽民发表了《为促进祖国统一大业的完成而继续奋斗》的重要讲话，对推进祖国和平统一的若干重大问题提出了八项主张和看法：坚持一个中国的原则，是实现和平统一的基础和前提；对于台湾同外国发展民间性经济文化关系，我们不持异议；进行海峡两岸和平统一谈判，是我们的一贯主张；努力实现和平统一，中国人不打中国人；大力发展两岸经济交流与合作；两岸同胞要共同继承和发扬中华文化的优秀传统；充分尊重台湾同胞的生活方式和当家作主的愿望，保护台湾同胞一切正当权益；欢迎台湾当局的领导人以适当身份前来访问，我们也愿意接受台湾方面的邀请，前往台湾。这就是著名的"江八条"。到以胡锦涛同志为总书记的中共中央，仍然最为关注台湾问题。胡锦涛为解决台湾问题提供了丰富思路。2008 年 12 月

31 日，在纪念《告台湾同胞书》发表 30 周年座谈会上，他就构建两岸关系和平发展框架提出"六点意见"：一是恪守一个中国，增进政治互信；二是推进经济合作，促进共同发展；三是弘扬中华文化，加强精神纽带；四是加强人员往来，扩大各界交流；五是维护国家主权，协商对外事务；六是结束敌对状态，达成和平协议。"六点意见"发布后，很快得到了台湾当局的善意回应。台湾当局发言人王郁琦在新闻稿中表示，胡锦涛的讲话体现了 30 年来大陆对台政策的变迁与促进两岸关系发展的思路。

坚持"一国两制"，推进祖国统一

中共十八大以来，以习近平同志为核心的中共中央，对新时代如何继续贯彻"一国两制"方针提出了许多富有创见的新观点、新论断，对加速祖国统一大业提出了新战略思想。

诚如习近平所说："实现中华民族伟大复兴，就是中华民族近代以来最伟大的梦想。"而"实现中华民族伟大复兴的中国梦，需要香港、澳门与祖国内地坚持优势互补、共同发展，需要港澳同胞与内地人民坚持守望相助、携手共进"。因此，香港、澳门更好地实践"一国两制"，本身就是推进祖国统一、实现中华民族伟大复兴的题中应有之义。

习近平在澳门回归 15 周年时曾作过一个精彩的比喻："俗话说，桌子上唱大戏——摆布不开。澳门回归祖国 15 周年的实践证明，只要路子对、政策好、身段灵、人心齐，桌子上也可以唱大戏。"回归后的澳门如此，回归后的香港亦如此。中共十八大以来，以习近平同志为核心的中共中央，坚持"一国两制"的根本"路子"，制定了许多符合香港和澳门发展的"政策"。香港、澳门适时调整"身段"，在港澳同胞与大陆人民齐心协力共同推进下，进入了一个新的历史阶段。

中共十八大以来，以习近平同志为核心的中共中央继续推进"一国两制"方针的落实，确保"一国两制"实践不变形、不走样，坚持"港人治港""澳人治澳"，中央授予港澳高度自治权。但是近年来，香港社会有些人开始鼓吹香港有所谓"固有权力""自主权力"，甚至宣扬什么"本土自决""香港独立"，否认和歪曲中央对香港的管治权，以"高度自治"对抗中央权力。在这些纷杂声音面前，习近平等中央领导人在很多场合表明了严正的立场，坚持中国是一个单一制的国家，中央对香港、澳门特别行政区在内的所有地方行政区域拥有全面管治权，任何情况下都不允许以"高度自治"为名对抗中央的权力。有力的定调其实是中央对"港独"的亮剑！实际行动也在进行，比如2016年11月7日上午，十二届全国人大常委会第二十四次会议全票通过了《全国人大常委会关于香港特别行政区基本法第一百零四条的解释》。该条文规定：香港特别行政区行政长官、主要官员、行政会议成员、立法会议员、各级法院法官和其他司法人员在就职时必须依法宣誓拥护中华人民共和国香港特别行政区基本法，效忠中华人民共和国香港特别行政区。条文说明了中共中央在维护祖国统一上的决心和勇气，绝不允许在香港从事任何分裂国家的活动，也绝不允许"港独"分子进入特别行政区的政权机关！

当然，要真正让"港独"等不稳定因素无以遁形，依赖于香港、澳门自身的发展与繁荣。中共十八大以来，在以习近平同志为核心的中共中央坚定支持下，特别行政区政府和行政长官依法施政，积极发展经济、改善民生、维护法治、推进民主、促进和谐，这一系列好的政策保持了香港、澳门发展的良好态势。用一组数据来说明问题：1997 年至 2017 年，香港本地生产总值从 1.37 万亿港元增长到 2.66 万亿港元，港股市值由 3.2 万亿港元增长到 27.9 万亿港元，港交所上市公司由 619 家增长到 2020 家，主要经济指标同期增长速度在发达经济体中位居前列，国际金融、航运、贸易中心地位进一步巩固。从 1999 年到 2017 年，澳门本地生产总值从 518.72 亿澳门元增长到 4042 亿澳门元，入境游客由不足 800 万人次增加到 3260 多万人次，旅游、会展、餐饮、酒店及零售业欣欣向荣，实现了跨越式发展。

香港、澳门良好的发展态势某种程度上也得益于它们"身段灵"，得益于它们积极融入国家发展大局。国家的持续快速发展，为港澳发展提供了难得机遇、不竭动力、广阔空间，协助港澳抵御风浪、战胜挑战、赢得先机。而香港、澳门也积极参与国家改革开放和现代化建设，在国家经济发展和对外开放中的地位和功能不断提升，作出了特殊而重要的贡献。近些年来，内地与香港、澳门在 CEPA 框架下不断扩大和升级经贸合作，"沪港通""深港通""债券通"等金融市场互联互通机制有序开启，香港离岸人民币业务全面发展，澳门海域范围得以明确，港珠澳大桥、广深港高铁等基建项目加速推进，"一带一路"、粤港澳大湾区建设，这些为港澳发展提供了新的重大机遇。支持香港、澳门融入国家发展大局，是发挥"一国两制"优势，保持港澳长期繁荣稳定的必然要求。

"路子对""政策好""身段灵"，都离不开"人心齐"，需要爱国、爱港、爱澳力量的壮大和发展。"一国两制"的前提是"一个国家"，"港人治港""澳人治澳"是在热爱祖国、反对分裂的原则下进行的，是以爱国者为主体的。习近平在很多场合都强调要增强香港、澳门同胞的国家意识和爱国精神，让香港、澳门同胞同祖国人民共担民族复兴的历史责任、共享祖国繁荣富强的伟大荣光。而在香港、澳门爱国者主体中，青年一代则是开拓"一国两制"伟大事业的重要接班人。习近平非常重视香港、澳门青少年的教育培养。比如，在澳门回归15周年之际，习近平参加了在郑裕彤书院举行的"中华传统文化与当代青年"的沙龙。他点评现场青年发言说："中华文化对中国人的影响已经渗透到了骨髓里。这就是文化DNA。"他还寄语现场的青年，希望大家通过学习和了解中华民族和我们国家的历史，不断增强文化自信，增强作为一个中国人的骨气和底色，进一步弘扬爱国主义精神。这其实也体现了新时代香港、澳门青少年教育培养的重点方向，即要把中国历史文化和国情教育摆在突出位置，让广大香港、澳门青少年更多领略中华文明的博大精深，更多感悟近代以来中华民族救亡图存、发愤图强的光辉历程，更多理解"一国两制"与坚持和发展中国特色社会主义、实现中华民族伟大复兴的中国梦的内在联系，从而牢牢把握香港、澳门同祖国紧密相连的命运前程，增强投身"一国两制"事业的责任感和使命感，增强为中华民族伟大复兴作贡献的责任感和使命感。

香港、澳门的成功回归和回归后的种种成绩证明了"一国两制"的科学性，也为解决台湾问题提供了重要思路。两岸同胞一家亲，谁都不能隔断我们的血脉。因此，"解决台湾问题、实现祖国完全统一，是全体中华儿女共同愿望，是中华民族根本利益所在"。此外，"兄弟齐心，其利断金"，实现中华民族伟大复兴，需要两岸同胞共同努力。携手推动两岸关系和平发展，同心实现中华民族伟大复兴，应该成为两岸关系的主旋律，成为两岸中华儿女的共同使命。因此，必须继续坚持"和平统一、一国两制"方针，推动两岸关系和平发展，推进祖国和平统一进程。

正如习近平所说:"两岸关系和平发展是通向和平统一的正确道路。""和平"是解决台湾问题的核心词汇。习近平指出,我们应该坚定不移走和平发展道路,坚定不移坚持共同政治基础,坚定不移为两岸同胞谋福祉,坚定不移携手实现中华民族伟大复兴。一系列的努力带来了两岸政治关系历史性的突破。2015 年 11 月 7 日,习近平和台湾方面领导人马英九在新加坡举行会面,就推进两岸关系和平发展交换意见。两岸领导人实现了 1949 年以来首次会面,开创了两岸领导人直接对话沟通的先河,翻开了两岸关系历史性的一页,将两岸关系和平发展和政治互动推到了新高度。但有些遗憾的是,两岸关系良好发展的势头到近年来放缓了,原因是台湾地区领导人蔡英文刻意模糊"一个中国"。对此,习近平在庆祝中国共产党成立 95 周年大会、每年 3 月全国两会等重要场合发表的重要讲话中,一再强调一个中国原则,明确指出坚持"九二共识"是两岸关系和平发展的政治基础,重申反对"台独"、推进两岸交流合作和加快两岸经济社会融合发展的政策主张,明确表达坚持"一国两制"、促进祖国统一的奋斗目标。中共十九大报告也强调,"坚持一个中国原则和'九二共识'",并将"坚持'一国两制',推进祖国统一"确定为今后一个时期的基本任务。如此论述一方面突出了一个中国原则的坚定性、重要性和必要性,清晰地划出了红线,为民进党上台后的两岸关系定方向、立规矩,坚决打击、遏制"台独",有效减少了台湾局势变化对两岸关系的冲击;另一方面,则向台湾当局表示了善意。尽管两岸关系和台海形势复杂多变,但是只要台湾当局承认"九二共识"的历史事实,认同两岸同属一个中国,两岸双方就能开展对话,协商解决两岸同胞关心的问题,台湾任何政党和团体同大陆交往也不会存在障碍。

如果说，"一个中国原则是两岸关系的政治基础"，那么"两岸一家亲"则是推动两岸关系和平发展的情感基础。中共十八大以来，习近平多次提及"两岸一家亲"，并将之写入了中共十九大报告。"两岸一家亲"这一提法看似平实，实则蕴含了极大的政治智慧。两岸同胞同根同源、同文同宗，心之相系、情之相融，本是命运与共的骨肉兄弟、血浓于水的一家人。但是，因为特殊的历史遭遇和不同的社会环境，台湾同胞有着自己的生活方式和社会制度，对此我们愿意用真诚、善意、亲情拉近两岸同胞的心理距离，做到将心比心、推心置腹。"人之相知，贵相知心。"两岸交流，归根到底是人与人的交流，最珍贵的是两岸同胞心与心的沟通；国家统一，不仅是形式上的统一，更重要的是两岸同胞的心灵契合。只要秉持"两岸一家亲"的理念，以诚相待，彼此交心，就能消除各种疑虑和误解，携手推动两岸关系和平发展。事实也证明，"两岸一家亲"的提法某种程度上已经引起了台湾大部分民众的共鸣。台湾《联合报》在中共十九大闭幕后进行了一个两岸关系年度调查。调查显示，台湾民众对于大陆民众的观感首次逆转成为好评居多，49%受访民众对大陆民众印象佳，对大陆政府的好感也是历年最高，40%受访者愿意赴大陆就业，较2017年大幅增加9个百分点。台湾岛内各界人士分析认为，中共十九大重申"两岸一家亲"，表达了对台湾同胞的尊重，愿意率先同台湾民众分享大陆发展机遇，在赢取台湾民心方面无疑是成功的。

当然，两岸关系和平发展除了需要"两岸一家亲"的"心"动力，还需要两岸经济社会融合的"物"基础。两岸开展经济合作具有得天独厚的优势，促进两岸经济社会融合发展符合两岸同胞共同利益。新时代新气象，祖国大陆各项事业取得了历史性的成就，发生了历史性变革，为继续推进两岸经济社会融合发展提供了更好的基础、更充分的条件。与此相对应的是，两岸各领域交流合作得到积极推进，两岸经济社会融合发展持续深化，取得可喜成果。商务部有一组统计数据：2013 年至 2017 年 6 月，两岸累计新批准台资项目 12502 个，实际利用台资 87.97 亿美元；大陆核准赴台投资项目 327 个，总金额 20.72 亿美元；其中，2016 年，大陆共批准台商投资项目 3517 个，同比增长 18.7%，实际使用台资 19.6 亿美元，同比增长 27.7%。这些数据某种程度上说明了两岸经济交流合作的深入推进。与此同时，两岸的社会交往与融合也日益密切和深化。据统计，2013 年至 2017 年 6 月，两岸人员往来达到 4096.7 万人次。其中，2015 年，两岸人员往来人次创历史新高，达到 985.6 万人次，同比增长 4.73%，大陆游客为台湾带去 68.7 亿美元外汇收入，占台湾入境旅游外汇收入一半。受多方面因素影响，2016 年，两岸人员往来达到 937.6 万人次，较 2015 年下降 4.87%，但台湾居民来大陆人次有所上升，同比增长 4.2%。台湾同胞来大陆人次增长的背后是中央和大陆各级部门推动两岸交流合作的努力，比如国务院修改了《中国公民往来台湾地区管理办法》，对台湾居民往来大陆免签注手续并实行卡式台胞证；又比如，中共十九大后不久，2018 年 2 月 28 日，国务院台湾事务办公室、国家发展和改革委员会，协调中央组织部、中央宣传部、中央网信办，以及教育部、科技部、工业和资讯化部、民政部、财政部等 29 个机构，发布了《关于促进两岸经济文化交流合作的若干措施》，公告 31 项惠台政策，为台湾同胞在大陆学习、工作、生活提供了更多的便利，创造了更好的条件。此次惠台措施范围广、力度大、落地实，是新时代对台政策的力作，是以习近平同志为核心的中共中央从中华民族伟大复兴整体利益出发，以更加自信和从容的姿态应对台湾问题的重大举措，开启了两岸经济社会交流融合的新时代。

　　"文运同国运相牵，文脉同国脉相连"。中共十八大以来，以习近平同志为核心的中共中央重视文化发展，强调文化自信，这种思路也体现在对台政策上。文化是一个国家、一个民族的灵魂。中华民族有绵延 5000 多年的灿烂文明，中华优秀传统文化植根于两岸同胞内心深处，是两岸同胞的"根"与"魂"。两岸同胞是中华文化的传人，血脉里流动的都是中华民族的血，精神上坚守的都是中华民族的魂。因此，推进两岸文化交流，加强两岸教育交流，弘扬中华文化优秀传统，阐发中华文化的时代内涵，厚植两岸同胞的精神纽带，无疑可以为两岸关系和平发展提供文化基础。20 世纪 80 年代后期，两岸在教育、科学、卫生、宗教、文学、体育、戏剧、绘画、书法、影视、新闻、出版等在内的文化领域，双方找到了最大公约数——中华文化，共同以中华文化为内涵、为底蕴，形成了双方认同的交流的基础、空间。中共十八大以来，两岸各方面的文化交流得到进一步的推进，在文化、艺术、卫生、体育、宗教，以及工（会）青（年）妇（女）活动等领域互动热络，从庙堂雅音到乡村俚戏，从学者论道到宗亲叙情，各阶层各界别人员往返海峡两岸，纷至沓来络绎不绝。在这样的基础上，上文提及的《关于促进两岸经济文化交流合作的若干措施》将一些两岸文化交流的成功做法和经验政策化，提出了 19 条涉及两岸文化交流的措施，逐步为台湾同胞在大陆学习、创业、就业、生活提供与大陆同胞同等待遇。这些措施主要包括：向台湾同胞开放 134 项国家职业资格考试，为台湾人士取得从业资格和在大陆应聘提供更多便利，台湾同胞可申请"千人计划""万人计划"和各类基金项目，参与中华优秀传统文化传承发展工程和评奖项目、荣誉称号评选，加入专业性社团组织、行业协会，参与大陆基层工作，并放宽台湾影视、图书等市场准入限制。这些措施也正在逐步得到落实。

总而言之，推进祖国统一，实现中华民族伟大复兴，是全体中国人共同的梦想。只要包括港澳台同胞在内的全体中华儿女顺应历史大势、共担民族大义，把民族命运牢牢掌握在自己手中，携起手来，努力推进祖国统一大业，就一定能够共创中华民族伟大复兴的美好未来。

十、营造和平的发展环境

和平与发展是时代主题

韬光养晦，有所作为

坚持和平发展道路

构建人类命运共同体

1978 年 12 月，在瑞雪纷飞中举行的具有历史转折意义的中共十一届三中全会，开启了中国改革开放历史新时期。这场历史上前所未有的大改革大开放，使当代中国同世界的关系发生了历史性变化，也使中国外交进入了崭新的历史时期。经过 40 年的发展，中国国际地位显著提升，国际影响显著增强，与世界各国友好合作关系全面发展，中国以更加开放的姿态活跃在世界舞台上。

和平与发展是时代主题

1978 年，中共中央作出改变中国、影响世界的重大决策——改革开放，把工作重点转移到社会主义现代化建设上来。这一重大决策的付诸实施，需要良好的国际环境。20 世纪 80 年代，中国外交实现"华丽转身"，为改革开放、现代化建设营造良好的外部氛围。

1979 年 1 月 1 日中美建交。这一年元旦，邓小平在出席全国政协举行的座谈会上指出："一九七九年元旦是个不平凡的日子，有三个特点：第一，是我们全国工作的着重点转移到四个现代化建设上来了；第二，中美关系实现了正常化；第三，把台湾回归祖国、完成祖国统一大业提到具体日程上来了。这三个特点，反映了在粉碎'四人帮'之后，我们在国内工作和国际事务中都取得了相当大的成就。"足见，中美建交的意义之重大。

为进一步推进中美关系发展，邓小平于 1979 年农历大年初一启程访美，短短 9 天在美国刮起一场"邓旋风"，清晰传递了中国对外开放、希望和美国搞好关系的信息。他在访问美国的讲话中说，我们不希望打仗，我们的目标是实现现代化，这就需要一个比较长的和平环境。

在中国对外开放布局中，美国扮演着极为重要的角色。邓小平曾对外交部主管美洲事务的副部长章文晋说，"要推行改革开放的政策首先就要对美国开放，不对美国开放，对任何其他国家开放都没有用"。作为战后最发达的资本主义国家，美国在市场、资金、技术等方面对中国具有极大的吸引力，中美之间的经济技术合作成为两国关系中持久的推动力。中美关系是战略层面的合作而不是策略层面的合作。20 世纪 80 年代，中美关系尽管出现过摩擦，但总体互动是良好的。

与此同时，中国也在逐步缓和与苏联的关系。1982 年 3 月 24 日，苏联领导人勃列日涅夫来到苏联中亚地区，在乌兹别克斯坦共和国首府塔什干发表了长篇讲话，其中，虽然仍充满了对中国的攻击，但明确承认中国是社会主义国家，强调了中国对台湾的主权，并表示愿意改善对华关系，建议双方进行磋商，采取一些两国都可以接受的措施，以改善中苏关系。3 月 25 日，时任外交部部长的黄华向邓小平作了汇报，并请求作出指示。在邓小平的指示下，3 月 26 日，在中国外交部举行的新闻发布会上，时任外交部新闻司司长的钱其琛对此发布了一个只有三句话的简短声明，即"中国方面注意到了勃列日涅夫主席在塔什干发表的关于中苏关系的讲话，中方反对讲话中对中国的攻击，中方更重视的是苏联的实际行动，而不是言辞"。这一简短声明第二天发表在《人民日报》头版的中间位置，引起中外记者的极大关注。

1982 年夏天，邓小平召集陈云、李先念以及外交部主要负责人等开会，研究中苏关系问题。邓小平提出要采取一个大的行动，向苏联传递信息，争取中苏关系有一个大的改善，但中苏关系的改善必须是有原则的，条件是苏联要主动解决"三大障碍"，即从中苏边境地区和蒙古撤军；从阿富汗撤军；劝说越南从柬埔寨撤军，消除对中国安全的威胁。至于采取什么样的方式传递信息，经邓小平提议，由外交部苏欧司司长以视察使馆工作名义前往莫斯科，行程中还包括波兰华沙。8 月 10 日，苏欧司司长于洪亮启程赴莫斯科，向苏联外交部副部长伊利切夫传递了中方建议双方共同努力改善中苏关系的信息，提议从消除双方障碍中的一两个重要问题入手，为两国关系打开一个新局面。8 月 20 日，苏联发来一份作为正式答复的备忘录，表示苏方愿在任何时间、任何地点、任何级别上同中方讨论苏中双边关系问题，以便消除关系正常化的障碍。邓小平决定同意重开中苏谈判。从 1982 年起，在处理中苏之间政治和经济关系上，中国的政策开始有所调整，在发展对苏经贸、科技、文化关系等方面逐步放宽。

中苏关系正常化最终在 1989 年实现质的突破。这一年 5 月 15 日至 18 日，苏共最高领导人戈尔巴乔夫来华访问。邓小平提出在安排上讲究适度，见面时"只握手，不拥抱"，形象地勾勒出两国未来关系的定位。会晤的主题也是邓小平思忖再三后敲定的，叫作"结束过去，开辟未来"。通过这次高级会晤，中苏两大邻国终于结束了几十年来的不正常状态，重新建立起正常的国家关系。

中国正是在调整对美、对苏关系的过程中，以邓小平为首的中国决策层下定决心调整对外政策，以更为弹性的外交方式，为中国争取更为有利的外部环境和战略地位。

在 1982 年 9 月召开的中共十二大上，中国的外交政策出现引人注目的调整。中共十二大报告阐述了中国对外政策主旨是要坚持"独立自主的外交政策"。1984 年 5 月，邓小平把中国对外政策概括成独立自主外交，指出"中国的对外政策是独立自主的"，它是"真正的不结盟"，具体体现为"四不一全"：即不结盟、不孤立、不对抗，不针对第三国，全方位进行外交活动。其核心是不结盟。中国按照独立自主和不结盟的外交政策，改善和发展同各主要大国的关系。调整联合一切力量制衡苏联的"一条线"战略，不与任何大国或国家集团结盟，不以意识形态定亲疏。

1985 年，中国新时期外交方针出现了一次飞跃性的发展。3 月，邓小平在会见日本客人时，明确提出"和平"与"发展"是当代世界的两大主题，即"现在世界上真正大的问题，带全球性的战略问题，一个是和平问题，一个是经济或者说发展问题"。邓小平告诉日本客人，中国这些年对战争的观点有点变化。中国感到，虽然战争的危险还存在，但是制约战争的力量有了可喜的发展。这是中国领导人在认识"时代"问题上的一次巨大转变，它比较彻底地改变了过去在"时代"问题上所持有的"战争与革命"的观点。

在 1985 年 6 月 4 日召开的中共中央军委扩大会议上，邓小平就中国外交发表讲话，概括了中国领导人在国际形势判断和对外政策方面的思考和结论。邓小平说，经过几年的观察和思考，中国决策层完成了两个重要的转变。第一个转变是"改变了原来认为战争的危险很迫近的看法"。过去认为战争不可避免而且迫在眉睫。这些年经过对世界大势的综合分析，以及对中国周围环境的分析，得出一个结论，在较长时间内不发生大规模的世界战争是有可能的，维护世界和平是有希望的。第二个转变是放弃针对苏联威胁采取的"一条线"战略，即放弃反苏国际统一战线政策，不在所谓的"美中苏大三角"的思维框架中，制定中国的对外政策。这两个转变，一个是对国际形势的判断，另一个是基于这个判断在对外政策上作出的相应调整。邓小平的这次讲话标志着改革开放后中国外交政策调整的完成。

中国领导人对国际形势的判断，尤其是邓小平关于"时代"主题的阐释影响深远，不仅给中国外交带来巨大的变化，也为中国社会主义现代化建设提供了重要的科学依据。

韬光养晦，有所作为

1989 年 6 月的一场政治风波将中国外交带入困境。政治风波发生后的第二天，美国政府即宣布了 3 项制裁中国政府的措施，包括暂停中美间的一切军售和商业性的对华武器出口，中断中美两国军事领导人之间的互访活动，以及重新研究中国留学生要求延长逗留时间的请求。在美国的带动下，有 20 多个发达国家参与了对华制裁，欧共体理事会于 6 月 27 日发表声明指责中国，日本也在 7 月参加西方七国首脑会议时，发表政治声明指责中国。一时间中国同外部的各种接触几乎全部停止。

1989 年春至 1991 年间，国际局势也出现剧烈变动。东欧社会主义国家发生剧变，这些国家的共产党在政治风波中相继失去执政地位。此后不久，政治动荡蔓延至苏联，导致苏联共产党执政地位动摇，苏联国家凝聚力下降。1991 年 8 月 19 日，苏联发生政变后，苏联各加盟共和国纷纷宣布独立。这一年年底，苏联领导人戈尔巴乔夫宣布辞职，苏联解体。东欧剧变造成的结果是：欧洲社会主义阵营彻底消失，冷战以苏联的解体而宣告结束。

面对复杂的国内国际形势，关键时刻，邓小平提出冷静观察、稳住阵脚、沉着应付、韬光养晦、善于守拙、决不当头、有所作为等一系列对外关系指导方针。他指出："中国肯定要沿着自己选择的社会主义道路走到底。谁也压不垮我们。只要中国不垮，世界上就有五分之一的人口在坚持社会主义。我们对社会主义的前途充满信心。"

1989 年 6 月 23 日，中共召开十三届四中全会，进行人事更换。以江泽民同志为核心的中央领导集体遵循了邓小平所确定的对内、对外政策，对内保持稳定，对外顶住西方国家压力。

为突破西方制裁，中国在外交方面采取得当的应变措施。1989 年 6 月 21 日，美国总统布什秘密致函邓小平，要求派特使秘密访华，与中国进行完全坦率的谈话。中方接受了美方建议，表示在双方绝对保密的情况下，欢迎美国总统特使访华。邓小平表示愿意亲自会谈。7 月 1 日，美国国家安全事务助理斯考克罗夫特作为总统特使乘坐 C-141 型运输机，来到中国。为了保密，这架运输机，外部经过伪装，涂掉了标记，使其看起来像一架普通的商用运输飞机。飞机连续飞行 22 小时，空中加油，中途不在任何地方着陆。此次访问的保密程度甚至超过了 20 世纪 70 年代基辛格的访问。中方保密措施也很严格。所有的会见、会谈和宴请场所，包括总统特使坐的汽车、下榻的宾馆，均不悬挂国旗，美方代表团抵达和离京均不发消息。7 月 2 日上午，邓小平会见了斯考克罗夫特，提出"解铃还须系铃人"，希望美国今后能采取实际行动，取信于中国人民，而不要火上浇油了。然而刚现转机的中美关系因为这一年年底的东欧剧变而有所倒退。1990 年夏天，海湾危机爆发，美国因为需要中国在联合国安理会支持其出兵伊拉克，又开始试探改善对华关系。1991 年，美国国务卿贝克访华，意味着美国和西方对中国持续了两年多的制裁被打破。

冷战结束后，苏联的消失导致了美国一超多强的国际新格局，中美关系一波三折，其间经历了"银河号"事件、台海危机以及轰炸南斯拉夫大使馆几次"重大洗礼"。

1999年当地时间5月7日夜间、北京时间5月8日上午5时左右，北约的美国B-2轰炸机发射5枚联合直接攻击弹药击中了位于贝尔格莱德新贝尔格莱德樱花路3号的中国驻南斯拉夫大使馆。当场炸死来自新华社的邵云环、《光明日报》的许杏虎和朱颖3名中国记者，炸伤数十人，造成大使馆建筑的严重损毁。面对这一突如其来的变故，中央决策层深入分析了国际国内形势及此次事件的性质和影响，果断决定既要严正交涉、坚定不移地维护国家主权和民族尊严，又要统筹考虑改革开放大局，着眼于维护中华民族根本利益和长远发展。中央决定紧急向美国提出严正交涉和最强烈抗议，并派遣专门小组乘专机前往贝尔格莱德处理使馆遭袭事件，用专机将3位烈士的骨灰运回国，将能行动的受伤人员全部接回国。国内民众在得知使馆被炸、多名同胞伤亡的消息后，民情激愤，纷纷举行示威游行，严厉声讨美国的暴行，抗议以美国为首的北约的呼声一浪高过一浪，对美国及北约形成了强大的民意压力。在中国积极协调下，联合国安理会14日举行正式会议，讨论北约轰炸中国使馆问题，会议发表了关于北约轰炸中国驻南联盟大使馆的主席声明。安理会还打破惯例，在正式会议前，为中国在"炸馆事件"中牺牲的人员集体默哀。使馆被炸后，中方作出一系列强烈反应，其激烈程度，令美国始料未及，美方最终向中方表示道歉，对美国情报部门的8名人员进行了惩处，并给予中方相应的经济赔偿。正如时任外交部副部长的唐家璇所说："我们最大的收获就是让美国知道，今天的中国、今天的中国人民是不可欺负的，中国人民不怕鬼、不信邪，为了捍卫国家主权和民族尊严，是不惜牺牲一切的，我们坚决反对霸权主义行径。"

以江泽民同志为核心的第三代中共中央领导集体，创造性地继承和发展邓小平外交思想，推动中国外交继续向前，取得新的成就。在构建大国关系框架方面，推动同各大国建立面向 21 世纪的新型合作关系；在积极发展睦邻友好方面，中国实现了同亚洲国家的全面建交，营造出有利的周边环境；在加强同发展中国家团结与合作方面，中国广泛参与国际事务，维护世界和平，促进共同发展。

坚持和平发展道路

2002 年至 2012 年的 10 年间，国际形势仍处于深刻变化中，以胡锦涛同志为总书记的中共中央冷静分析国内外形势，紧紧抓住战略机遇期，高举和平、发展、合作的旗帜，坚持走和平发展道路，中国对外工作取得新的重大进展。

这一时期，中国无论与主要大国关系还是周边国家关系都实现了稳定发展。中俄两国战略协作伙伴关系全面深入快速发展。中美同意全面推进 21 世纪建设性合作关系。中国同欧盟及其主要成员国建立了全面战略伙伴关系。2008 年 5 月，胡锦涛对日本成功进行"暖春"之旅，开创中日战略互惠关系新局面。中国同周边国家睦邻友好合作关系进一步扩大和深化。中国同印度、印度尼西亚等国建立不同形式的战略伙伴关系，同哈萨克斯坦等国签订友好合作条约。推动上海合作组织成员国缔结长期睦邻友好合作条约，上合组织进入全面务实合作阶段。中国作为首个非东盟国家加入《东南亚友好合作条约》，东盟—中国（10+1）、东盟—中日韩（10+3）合作成果显著。

中国同发展中国家的团结合作也取得重要进展，2006 年的"中非合作论坛"北京峰会便是一大亮点。2006 年 11 月 4 日，48 个非洲国家代表齐聚人民大会堂，包括 35 位国家元首、6 位政府首脑、1 位副总统、6 位高级别代表以及非洲联盟委员会主席。南非总统姆贝基感叹说，有些非洲领导人多年都不参加非洲联盟的首脑会议，这次却到北京来了，比我们非洲联盟自己开会来得都齐。这次峰会是新中国外交史上主办规模最大、领导人出席最多的国际会议之一，对巩固和发展我国与非洲国家的友好关系具有重大意义。

随着中国国际地位的不断上升，在公共外交和文化外交的舞台上，也更多看到中国身影。通过主办"文化年""文化节"等对外文化活动，建立"孔子学院"和海外文化中心，以筹办北京奥运会、上海世博会等重大活动为契机，大力开展多层次多领域的公共外交活动，增进了国外公众对中国的了解和友好感情。中国和平、民主、文明、进步的国家形象进一步树立。

对外交流的频繁，使得维护我国公民和法人在国外的合法权益成为外交工作的任务之一。建立境外中国公民和机构安全问题部际联席会议制度，建立健全海外安全风险评估和防范预警机制。妥善处置我国人员海外遇袭事件。设立外交部领事保护中心，不断加强领事保护的机制建设。尤其是成功实施多起从动乱国家大规模撤侨行动，展示了中国强大的国家实力。

2011 年的利比亚撤侨行动，是新中国成立之后最大规模的撤侨行动之一。这次撤侨行动是中国第一次动用军事力量参与撤侨。2011 年 1 月，利比亚内战爆发，局势很快失控。暴徒们疯狂地袭击中国工地，驻利比亚中国企业停产。当时，约有 3 万中国人在利比亚，主要分布在利比亚东部、西部、南部和首都地区，大多为从事铁路、通信和油田等行业的工程劳务人员。此外还有一些中餐馆经营者和留学生等人员。中国政府决定启动国家一级响应，把在利比亚中国公民一个不少地撤回来。在撤侨行动最紧张时，经中央军委批准，空军派出 4 架伊尔-76 飞机，于 2011 年 2 月 27 日飞赴利比亚执行接运中国在利比亚人员的任务。这是中国第一次动用军事力量参与撤侨任务。4 架伊尔-76 运输机连续飞行 12 架次，单机总航程 29397 公里，将 1655 人接运至苏丹首都喀土穆，将 287 人安全接运至北京。与此同时，中国海军第七批护航编队"徐州舰"于 2011 年 3 月 2 日抵达利比亚附近海域执行撤侨任务。

利比亚大撤侨被认为是中国军事、经济、外交实力的一次全面展现。在这次行动中，中国政府共动用 91 架次中国民航包机、35 架次外航包机、12 架次军机，租用外国邮轮 11 艘、国有商船 5 艘、军舰 1 艘，历时 12 天，成功撤离中国驻利比亚人员 35860 人，还帮助 12 个国家撤出了 2100 名外籍公民。此后，中国人民解放军又多次执行撤侨任务。2015 年 3 月 29 日，中国海军舰艇编队赴也门执行撤离中国公民的任务，共接出中国公民 621 人以及 15 个国家的外国公民 279 人。

构建人类命运共同体

中共十八大以来，中国外交在保持改革开放的连续性和对外大政方针稳定性的基础上，实现了实践、理念及制度等多个层面的创新，如"一带一路"倡议的提出和落地、亚洲基础设施投资银行的设立、人类命运共同体的提出以及国家安全委员会的创设等。作为总体外交的重要组成部分，中国周边外交在周边环境面临较大压力的背景下也取得了诸多成果与经验。中国外交呈现出日益明显的中国特色、中国风格和中国气派。

中共十八大以来，以习近平同志为核心的中共中央提出一系列外交思想，主要内容包括以下方面。

第一，建立新型大国关系的理念。随着中国发展以及与美国经济实力差距的缩小，一些人根据历史上新兴大国与既有大国之间多次发生对抗和战争的经历，担心中美之间可能发生对抗甚至军事冲突。针对这种情况，习近平在2013年6月与美国总统奥巴马会晤时提出，按照"不冲突不对抗、相互尊重、合作共赢"的原则，建立中美新型大国关系的理念，这一主张成为中国发展和稳定中美关系的目标和指导思想。2014年11月，在中央外事工作会议上，习近平强调，要推动建立以合作共赢为核心的新型国际关系，坚持互利共赢的开放战略，把合作共赢理念体现到政治、经济、安全、文化等对外合作的方方面面。这是对国际秩序观的创新和发展，开辟了国际关系新愿景。在此理念指导下，大国关系健康平稳。2013年以来，中美元首多次会晤，推动中美新型大国关系建设取得重要成果。美国新一届政府就职后，习近平主席同特朗普总统2017年4月在佛罗里达州海湖庄园成功举行首次会晤，明确了中美关系发展方向和原则，规划了双边合作优先领域和机制，加强了国际地区事务沟通协调。会晤实现中美关系平稳过渡，对推动两国关系沿着正确轨道向前发展具有重要意义。中俄高层交往频密，习近平主席和普京总统已经会见20多次，战略互信加深，"一带一路"与欧亚经济联盟建设对接合作有序推进，大项目合作取得突破性进展，中俄全面战略协作伙伴关系不断迈向更高水平，成为维护世界和平稳定的重要"压舱石"。2018年6月，普京再次来华访问，坐了坐中国高铁，表示有一种浪漫的感觉。

第二，关于推动构建人类命运共同体。2013 年 3 月，习近平在当选国家主席后首次出访时就提出："这个世界，各国相互联系、相互依存的程度空前加深，……越来越成为你中有我、我中有你的命运共同体。"2015 年 9 月，在第七十届联合国大会一般性辩论时，习近平再次强调，"我们要继承和弘扬联合国宪章的宗旨和原则，构建以合作共赢为核心的新型国际关系，打造人类命运共同体"。2017 年 1 月，在联合国日内瓦总部演讲时，习近平强调面对全球问题，"世界命运应该由各国共同掌握，国际规则应该由各国共同书写，全球事务应该由各国共同治理，发展成果应该由各国共同分享"。他进一步指出，构建人类命运共同体，关键在行动。必须坚持对话协商，建设一个持久和平的世界；坚持共建共享，建设一个普遍安全的世界；坚持合作共赢，建设一个共同繁荣的世界；坚持交流互鉴，建设一个开放包容的世界；坚持绿色低碳，建设一个清洁美丽的世界。人类命运共同体思想，承载着中国对建设美好世界的崇高理想和不懈追求，反映了世界各国人民对和平公正新秩序的美好期待，因此受到国际社会特别是广大发展中国家的普遍欢迎和强烈支持。2017 年 2 月 10 日，联合国社会发展委员会通过"非洲发展新伙伴关系的社会层面"决议，"呼吁国际社会本着合作共赢和构建人类命运共同体的精神，加强对非洲经济社会发展的支持"。"构建人类命运共同体"理念被正式写入联合国决议，表明这一理念已经得到国际社会广泛认可。何谓人类命运共同体？习近平在中共十九大报告中强调指出："构建人类命运共同体，建设持久和平、普遍安全、共同繁荣、开放包容、清洁美丽的世界。"他接着用 5 个"要"系统阐述了怎样构建人类命运共同体，即要相互尊重、平等协商，坚决摒弃冷战思维和强权政治；要坚持以对话解决争端、以协商化解分歧；要同舟共济，促进贸易和投资自由化便利化；要尊重世界文明多样性；要保护好人类赖以生存的地球家园。

第三，关于"一带一路"倡议。2013 年，习近平准确把握中国对外开放内外环境新变化，提出建设"一带一路"的重大倡议，这是在顺应时代要求的基础上对古丝绸之路的传承和提升。"一带一路"为连接亚太经济圈和欧洲经济圈，提供了一个相关国家共商、共建、共享的包容性发展平台。"一带一路"追求的是沿线各国政策沟通、设施联通、贸易畅通、资金融通、民心相通。几年来，共建"一带一路"逐渐从倡议变为行动，从理念转化为实践，成为开放包容的国际合作平台和各方普遍欢迎的全球公共产品，100 多个国家和国际组织积极支持和参与，一大批有影响力的标志性项目顺利落地，中国与许多国家发展战略顺利对接，基础设施互联互通水平快速提升。2014 年至 2016 年，中国同"一带一路"沿线国家贸易总额超过 3 万亿美元，对"一带一路"沿线国家投资累计超过 500 亿美元。2017 年 5 月，"一带一路"国际合作高峰论坛，来自 140 多个国家和 80 多个国际组织的 1600 多名代表出席，取得 5 大类、76 大项、270 多项合作成果，形成国际社会广泛参与、合力推动"一带一路"建设的磅礴气势。各方盛赞"一带一路"建设为构建开放型世界经济、改善和加强全球治理提供了中国方案。

第四，以全球伙伴关系为目标的全方位外交布局。习近平以卓越的政治家和战略家的宏大视野和战略思维，谋划运筹对外工作全局，并身体力行遍访五大洲不同类型国家以及主要国际和区域合作组织。习近平与各国领导人、各界人士和社会民众广泛深入接触和交流，讲述中外互利合作的典型事例和人民交往的友好佳话，强调各国和各国人民结伴而行、共创美好未来的重大意义。中共十八大以来，中国以周边和大国为重点，以发展中国家为基础，以多边为舞台，以深化务实合作、加强政治互信、夯实社会基础、完善机制建设为渠道，全面发展同各国友好合作。截至 2016 年底，中国已同 97 个国家和国际组织建立不同形式的伙伴关系，实现对大国、周边和发展中国家伙伴关系的全覆盖。

第五，"亲、诚、惠、容"周边外交理念和"真、实、亲、诚"对非工作思想。周边为中国安身立命之所、发展繁荣之基。2013 年 10 月，中央召开周边外交工作座谈会，习近平在会上强调了中国在与周边国家的关系中，要坚持与邻为善、以邻为伴，坚持睦邻、安邻、富邻，突出体现"亲、诚、惠、容"的理念；坚持睦邻友好，守望相助；讲平等、重感情；常见面，多走动；多做得人心、暖人心的事，使周边国家对我们更友善、更亲近、更认同、更支持，增强亲和力、感召力、影响力。2013 年，习近平首次访非期间提出了"真、实、亲、诚"对非工作的四字箴言。即"对待非洲朋友，我们讲一个'真'字"；"开展对非合作，我们讲一个'实'字"；"加强中非友好，我们讲一个'亲'字"；"解决合作中的问题，我们讲一个'诚'字"。这一理念成为中国对非工作的新理念。上述这些理念成为新时代中国发展与周边和发展中国家外交关系的指导思想。

第六，创新全球治理。针对全球治理面临的重大现实问题和挑战，习近平提出了全球治理观、新安全观、新发展观、正确义利观、全球化观等一系列新理念新主张，推动建立更加公正合理、普惠均衡的全球治理体系。中共十八大以来，中国积极参与引领全球治理体系变革，演绎了精彩的"三部曲"。一是成功举办亚太经合组织领导人北京会议，启动亚太自贸区进程并确定相关路线图，对亚太区域合作发挥了重要引领作用。二是成功举办二十国集团领导人杭州峰会，首次把创新作为全球恢复增长的新动力，首次把结构性改革作为解决世界经济难题的主方向，首次把发展置于宏观政策协调的突出位置，首次形成全球多边投资规则框架，有力推动 G20 从危机应对向长效治理机制转型，取得一系列具有开创性、引领性、机制性的重要成果。三是习近平 2017 年初出席世界经济论坛年会并访问联合国日内瓦总部，推动经济全球化向开放、包容、普惠、平衡、共赢方向发展，宣示中国推动共建人类命运共同体的决心和承诺，为人类社会发展进步描绘了蓝图、提振了信心，国际社会对此予以高度评价和一致赞赏，中国理念逐步成为国际共识。目前，出任联合国专门机构和重要国际组织负责人的中国人越来越多，中国在国际货币基金组织中的份额从第六位跃居第三位，人民币被纳入国际货币基金组织特别提款权货币篮子。中国的国际话语权和影响力正在显著提升。

新时代中国通过外交工作，探索中国特色热点和全球性问题解决之道，努力为世界作出更大的贡献。习近平强调，中国始终做世界和平的建设者，致力于同各国共谋和平、共护和平、共享和平。中国成功举办中国人民抗日战争暨世界反法西斯战争胜利 70 周年纪念活动，发出维护第二次世界大战胜利成果、捍卫世界和平的时代强音。中国致力于政治解决国际和地区热点问题，努力发挥弥合分歧、劝和促谈的建设性作用。坚持朝鲜半岛无核化目标，坚持通过对话谈判解决半岛核问题，提出"双轨并行"思路和"双暂停"倡议，为缓解半岛紧张局势、推动重启接触对话、维护地区和平安宁继续作出重要贡献。2018 年，习近平和朝鲜最高领导人金正恩会晤两次，为中朝关系健康发展打下良好基础。中国积极参与伊朗、叙利亚、南苏丹、阿富汗等问题解决进程，建立联合国和平与发展基金，率先组建常备成建制维和警队及 8000 人规模的维和待命部队，彰显中国负责任大国形象。中国还同世界各国合力应对恐怖主义、网络安全、公共卫生、难民等全球性挑战，为推动达成气候变化《巴黎协定》、应对埃博拉疫情等发挥重要作用。

在贸易保护主义抬头的形势下，中国坚持顺应全球化时代发展的潮流，坚决摒弃零和思维、以邻为壑思维。在上海合作组织青岛峰会上，习近平提出，尽管单边主义、贸易保护主义、逆全球化思潮不断有新的表现，但"地球村"的世界决定了各国利益日益交融、命运与共、合作共赢是大势所趋。这种登高望远的外交大智慧得到越来越多国家的认可。

中国外交工作强调以民为本。现在中国每年约有 1.3 亿人次出境，数百万中国公民在全球各个地方学习、生活、工作，3 万多家中国企业遍布世界各地。面对新形势新任务，外交工作不断增强领保能力建设，积极打造海外民生工程。近年来成功组织海外公民撤离行动 9 次，受理各类领保救助案件近 30 万起，包括处理 100 多起中国公民在境外遭遇绑架或者袭击的重大案件。中国外交部还推出新版中国领事服务网、"12308"热线、"领事直通车"微信公众号等领事信息和服务平台，积极为海外同胞提供全天候、零时差、无障碍的领事服务。目前对持中国普通护照实施有条件免签或落地签的国家和地区达 64 个，与中国缔结简化签证手续协议的国家达 41 个，中国护照的"含金量"不断提升，同胞们走出国门更加安全、便利。

习近平指出，我们解决了挨打、挨饿的问题，也要解决挨骂的问题。干得好，还要讲得好。习近平身体力行带头讲好真实精彩的中国故事，在出访出席多边会议、接待外国领导人访华期间，通过会谈、演讲、接受采访或发表文章等多种方式，积极向国际社会宣介我国社会制度、发展道路和价值理念，引导和增进外界对中国的认知，充分体现中国特色社会主义道路、理论、制度和文化自信，展现中华文明深厚底蕴，夯实中外友好民意基础，树立中国开放、包容、合作的良好形象。

40年来，中国改革开放取得的重大成果，得益于独立自主外交政策的提出和贯彻，以及由此带来的对外关系的全面发展。中国对时代问题以及中国与世界关系的新认识和新判断，使得中国外交指导思想不断深化。

在新时代，中国外交将坚持稳中求进，积极主动作为，注重战略规划，抓好统筹协调，推动中国特色大国外交不断迈上新台阶，为实现"两个一百年"奋斗目标和中华民族伟大复兴的中国梦、打造人类命运共同体作出新的更大贡献。

40年的高速发展，中国经济总量跃居世界第二位，已经发展成为一个响当当的大国。正如习近平所指出，我们前所未有地走近世界舞台中心，前所未有地接近实现中华民族伟大复兴的中国梦，前所未有地具有实现这个目标的能力和信心。在这一波澜壮阔的伟大进程中，中国外交积极进取，主动作为，为民族复兴尽责、为人类进步担当，在世界乱象中维护中国发展的良好外部环境，在国际变局中提升中国国际地位和影响，书写了中国特色大国外交的精彩篇章。

十一、加强党对改革开放的领导

坚持改革开放不动摇

把方向，谋大局

坚持以人民为中心

以钉钉子精神抓落实

把党建设好建设强

世界现代化历史表明，一个国家走向现代化，应拥有强有力的政治组织，制定并连续执行一系列好政策。美国著名政治学者亨廷顿在《变化社会中的政治秩序》中就持此观点。中国共产党连续执行 40 年改革开放政策，推动中国迅速进入从站起来、富起来走向强起来的伟大新时代。在当代中国治好国理好政，关键在党、关键在从严治党。正如习近平所说，坚持党的领导，坚持从严治党，是中国改革开放取得成功的关键和保证。

坚持改革开放不动摇

中国改革能够成功与中共领导人 40 年来持续锐意推进改革密切相关。开启中国改革大幕的邓小平，被评价为中国社会主义改革开放和现代化建设的总设计师。傅高义在《邓小平时代》这本书里把邓小平称之为"近代中国第一人"，原因就在于他领导和推动了中国改革开放。40 年来，从邓小平到习近平，中共主要领导人都鲜明主张改革开放，都是亲力亲为的改革家。

邓小平率先举起改革旗帜。他主持的 1975 年全面整顿工作，实际上就是一次改革的预演。"文化大革命"结束后，面对西方国家发展日新月异的新态势、国内民众希望生活尽快好起来的强烈要求，1978 年 12 月 13 日，邓小平鲜明指出："如果现在再不实行改革，我们的现代化事业和社会主义事业就会被葬送"。1978 年底召开的中共十一届三中全会重新确立了党的思想路线、政治路线和组织路线，作出实行改革开放的重大决策，标志着中华人民共和国历史、中国共产党历史实现伟大转折。这次会后，中国进入改革开放新时期，华夏大地上掀起阵阵改革开放大潮。

当改革开放遇到沟沟坎坎，邓小平总是在关键时刻挺身而出。比如他在关键时刻讲话为农村改革保驾护航。1979 年，农村改革率先取得突破。当农民包产到户的举动遭遇姓"社"姓"资"诘难时，邓小平提出，一些地方搞了包产到户，效果很好，变化很快，对此担心影响集体经济的发展是不必要的。比如他在关键时刻南下调研，进一步推动扩大开放。举办经济特区后，有一些国外"苍蝇"也趁机飞进来。当有人借机整体质疑经济特区绩效时，邓小平 1984 年初亲临深圳、珠海调研，他看到了发端于深圳却响遍大江南北的"时间就是金钱，效率就是生命"的口号，看到了振聋发聩的"空谈误国、实干兴邦"的奋斗精神。回京后，他明确提出中国对外开放的政策不是收而是放。1984 年 5 月，中共中央决定开放北起大连、南至北海 14 个沿海港口城市。1984 年 10 月举行的中共十二届三中全会标志着中国改革从农村转向城市，拉开全面改革的大幕。在经济体制改革迅速推进过程中，进行政治体制改革的呼声越来越高。在邓小平强力推动下，中国有步骤有秩序地进行了政治体制改革。

再比如他在重大历史关头，鲜明表态支持改革开放。20 世纪 80 年代末 90 年代初，有人想动摇中共十一届三中全会以来党的路线方针政策，否定中共十三大报告。在此历史紧要关头，邓小平鲜明指出，十一届三中全会以来的路线方针政策不能变，中共十三大报告是全国党的代表大会通过的，一个字都不能动。1991 年 8 月，邓小平明确指出"坚持改革开放是决定中国命运的一招"。1992年初发表著名的南方谈话时又指出,谁不改革开放,谁就会被打倒。他在88岁高龄之际不辞辛劳,奔走5000多公里,一路走、一路讲,以大无畏的担当精神,推动中国改革开放进入新的阶段。从中共十四大到中共十八大召开前,中共中央高高举起改革开放旗帜,推动改革开放逐步走向深化。

进入新时代,习近平高举改革开放旗帜,领导中国改革开放事业迈上了一个大台阶。中共十八大以后第一次离京考察,习近平就来到中国改革开放的前沿阵地——广东,来到深圳莲花山上向邓小平铜像献花,借此表明改革不停顿、开放不止步的决心和信心。考察期间,习近平明确指出:"改革开放是当代中国发展进步的活力之源,是我们党和人民大踏步赶上时代前进步伐的重要法宝,是坚持和发展中国特色社会主义的必由之路。"在十八届中央政治局第二次集体学习时,习近平鲜明提出:"改革开放是决定当代中国命运的关键一招,也是决定实现'两个一百年'奋斗目标、实现中华民族伟大复兴的关键一招。"从邓小平提出改革开放是决定中国命运的一招,到习近平提出改革开放是"关键一招",表明中国共产党对改革开放重要作用的准确定位。

2013年,中共十八届三中全会作出全面深化改革战略部署后,全面深化改革压茬推进,改革主体框架已基本确立,改革成效十分显著。在此基础上,2017年9月,习近平有针对性地指出,事实证明,全面深化改革的路走对了,还要大步走下去。10月召开的中共十九大认为全面深化改革取得重大突破,明确要继续进行深化改革开放。

中共十八大以来,习近平不仅旗帜鲜明谈改革,还亲自担任中央全面深化改革领导小组组长(中共十九届三中全会后"中央全面深化改革领导小组"改为"中央全面深化改革委员会"），召开 40 多次会议研究改革、部署改革，做到了精心部署、亲力亲为。在领导改革开放过程中，习近平就改革开放的历史地位、总目标、立场方向、价值导向、路线图、时间表、抓好落实等都进行了系统论述，形成了包括地位论、目标论、原则论、重点论、全面论、落实论等在内的系统完整、逻辑严密的改革思想体系。这既是对改革开放经验的最新总结，又是继续全面深化改革开放的指导方针。

在博鳌亚洲论坛 2018 年年会上，习近平指出：一个时代有一个时代的问题，一代人有一代人的使命。虽然我们已走过万水千山，但仍需要不断跋山涉水。在新时代，中国人民将继续自强不息、自我革新，坚定不移全面深化改革，逢山开路，遇水架桥，敢于向顽瘴痼疾开刀，勇于突破利益固化藩篱，将改革进行到底。这表明了中国共产党继续深化改革的决心。正因为 40 年来，中共主要领导人旗帜鲜明谈改革、精心部署谋改革、亲力亲为抓改革，中国改革开放才在不断总结经验中走向成功。

把方向，谋大局

中国共产党领导改革，主要是把握正确方向，在顺应世界大势和时代大潮中谋划改革开放，制定相关改革开放政策。

改革是一场深刻革命，必须坚持正确方向。方向是战略问题，关乎党、民族、国家的前途命运。中国共产党在领导改革开放中，牢牢把握改革方向，使其服务国家中心任务。习近平指出，我们绝不能在根本性问题上犯颠覆性错误。所谓根本性问题就是方向问题、战略问题，就是举什么旗、走什么路的问题。在领导改革开放的整个过程中，中国共产党注重调动一切积极因素，推动中国改革开放沿着中国特色社会主义道路、完善和发展中国特色社会主义制度的正确方向前进。

邓小平鲜明提出四项基本原则，保证改革开放坚持正确方向。在1979年举行的中央理论工作务虚会上，邓小平发表了《坚持四项基本原则》的重要讲话，为中国实行改革开放划定底线，指明中国改革必须坚持社会主义道路、坚持中国共产党的领导。1982年9月，在中共十二大开幕式上，邓小平鲜明指出，我们总结长期历史经验得出的基本结论就是"走自己的道路，建设有中国特色的社会主义"。1987年，中共十三大提出以"一个中心，两个基本点"为主要内容的基本路线，实际上从基本路线的高度指出了两个基本点之间的辩证统一关系，四项基本原则是立国之本，改革开放是强国之路，统一于社会主义现代化建设事业之中。同时，改革开放必须坚持四项基本原则，坚持党的领导和坚持社会主义道路；改革开放伟大实践又为坚持四项基本原则注入生机活力。1992年南方谈话期间，邓小平又指出："我们要在建设有中国特色的社会主义道路上继续前进"。1993年，邓小平在和弟弟邓垦对话时还强调"四个坚持"是成套设备，没有什么输理的地方。可见，改革方向不能偏不能移，必须坚持党的领导、坚持社会主义道路。此后，党的主要领导人对此也是一以贯之地坚持。

关于改革开放的方向，习近平高度关注。他明确指出，我们的改革开放历来是有方向、有立场、有原则的。我们当然要高举改革旗帜，但我们的改革是在中国特色社会主义道路上不断推进的改革，既不走封闭僵化的老路，也不走改旗易帜的邪路。习近平多次指出：

"在方向问题上，我们头脑必须十分清醒。我们的方向就是不断推动社会主义制度自我完善和发展，而不是对社会主义制度改弦易张。"很显然，习近平认为改革的方向，就是坚持中国特色社会主义道路，不断完善和发展中国特色社会主义制度。

当今世界是开放的世界，开放合作潮流浩浩荡荡。人类社会发展历史表明，开放带来进步，封闭导致落后。"文化大革命"结束后，在中国共产党的领导下，中国人民通过开展思想解放运动，不断摆脱陈旧观念束缚，正确面对他国、积极融入世界，顺应时代大潮，书写了改革开放的精彩篇章。

邓小平明确提出中国实行改革的目的就是跟上时代。1977 年至 1978 年，中共派出 100 多名高级官员出访国外，亲身体验当代世界是开放的世界。绝大多数出访者归国后认为，必须抓住这个千载难逢的历史性机遇，加快发展自己。可以说 40 年前，中国牢牢抓住了这一历史性机遇，不断深化改革、扩大对外开放，积极融入全球化潮流，推动中国经济社会迅速发展起来。后来，坚持深化改革开放，建立股票市场，实行现代企业制度，开发开放上海浦东，加入世界贸易组织，设立中国自由贸易试验区，探索混合所有制实现形式、保护财产权，都是在独立自主的基础上更好地顺应了时代大潮、世界发展大势。

进入新时代，中国改革开放继续顺应世界大势、时代大潮。在中国共产党的领导下，中国继续全面深化改革、积极构建对外开放新格局。在世界秩序进入新一轮深度调整期，西方大国动辄"退群"时，中国坚持积极参与全球治理，呼吁摒弃零和思维、坚持合作共赢，得到不少国家认同。全球化潮流浩浩荡荡，顺之者昌逆之者亡。2018 年 4 月，习近平指出，中国 40 年改革开放给人们提供了许多弥足珍贵的启示，其中最重要的一条就是，一个国家、一个民族要振兴，就必须在历史前进的逻辑中前进、在时代发展的潮流中发展。

习近平多次强调，不谋全局者不足谋一域，要善于观大势、谋大事，自觉在大局下想问题、做工作。中国共产党之所以领导改革开放取得成功，就是因为坚持顾大局、看大势、摸规律，积极融入全球化发展潮流，坚持沿着历史前进的逻辑前进、顺应时代发展的潮流发展。

坚持以人民为中心

改革开放以来，中共主要领导人从邓小平到习近平，都特别强调改革开放是让人民过上好日子，习近平还提出，"人们对美好生活的向往，就是我们的奋斗目标"。改革开放的过程就是不断增强百姓的获得感和幸福感的过程。

20 世纪 80 年代，邓小平曾经把"人民拥护不拥护、人民赞成不赞成、人民高兴不高兴、人民答应不答应"作为判断党的政策好坏、能否实行的重要标准。这一执政理念都在改革开放实践中得到了体现。邓小平后来在总结历史经验时曾指出，没有改革开放取得的成就，老百姓就不会支持我们。

中共十八大以来，习近平特别强调在改革开放重大决策过程中应时刻考虑群众利益。2012 年 11 月 15 日，习近平在中共十八届一中全会上讲话时提出，在前进道路上，我们一定要坚持从维护最广大人民根本利益的高度，多谋民生之利，多解民生之忧，在学有所教、劳有所得、病有所医、老有所养、住有所居上持续取得新进展。2013

年 11 月 9 日，在中共十八届三中全会上，习近平强调："推进任何一项重大改革，都要站在人民立场上把握和处理好涉及改革的重大问题，都要从人民利益出发谋划改革思路、制定改革举措。"他还指出，在全面深化改革进程中，遇到关系复杂、难以权衡的利益问题，要认真想一想群众实际情况究竟怎样？群众到底在期待什么？群众利益如何保障？群众对我们的改革是否满意？也就是说，改革向什么方向改、改什么、不改什么、如何改，都要坚持人民立场，坚持以人民为中心，坚持改革发展为了人民、依靠人民、成果为人民所共享。这就为我们在新形势下全面深化改革提供了重要遵循。

2014 年 2 月 28 日，习近平在中央全面深化改革领导小组第二次会议上再次强调，对重大改革尤其是涉及人民群众切身利益的改革决策，要建立社会稳定评估机制。遇到关系复杂、牵涉面广、矛盾突出的改革，要及时深入了解群众实际生活情况怎么样，群众诉求是什么，改革能给群众带来的利益有多少，从人民利益出发谋划思路、制定举措、推进落实。2017 年 12 月 31 日，习近平在 2018 年新年贺词中指出，"我们伟大的发展成就由人民创造，应该由人民共享。""要把老百姓的安危冷暖时刻放在心上，以造福人民为最大政绩，想群众之所想，急群众之所急，让人民生活更加幸福美满。"这些论述都鲜明体现出以人民为中心的发展思想和改革决策立场。

为推进改革开放，邓小平提出"摸着石头过河"的方法。中国改革开放是前无古人的伟大事业，没有现成经验可以借鉴。因此，无论是农村改革还是国企改革，都采取了试点先行、积累经验后再推广的渐进式改革方式，体现了"摸着石头过河"的方法论色彩。

中共十八大以来，习近平特别重视改革方法，形成了系统的改革方法论。一是把握改革内在规律，处理好解放思想和实事求是的关系、整体推进和重点突破的关系、顶层设计和摸着石头过河的关系、胆子要大和步子要稳的关系、改革发展稳定的关系。二是注重系统性、整体性、协同性。习近平认为，注重系统性、整体性、协同性是全面深化改革的内在要求，也是推进改革的重要方法。改革越深入，越要注意协同，既抓改革方案协同，也抓改革落实协同，促进各项改革举措在政策取向上相互配合、在实施过程中相互促进、在改革成效上相得益彰，朝着全面深化改革总目标聚焦发力。三是改革要于法有据。习近平指出，凡属重大改革都要于法有据。在整个改革过程中，都要高度重视运用法治思维和法治方式，发挥法治的引领和推动作用，加强对相关立法工作的协调，确保在法治轨道上推进改革。正是因为坚持了正确的改革开放方法论，中共十八大以来全面深化改革和对外开放才取得重大突破。

以钉钉子精神抓落实

空谈误国，实干兴邦。反对空谈、强调实干、注重落实，是中国共产党的优良传统。毛泽东要求共产党员要有认真实干的精神，强调"什么东西只有抓得很紧，毫不放松，才能抓住。抓而不紧，等于不抓"。邓小平多次强调，领导干部要少说空话，多干实事，"不干，半点马克思主义都没有"。

中共十八大以来，中国改革进入了攻坚期和深水区，指挥部建立了，军令状立下了，改革决策部署了，从中央到地方，各部门各地区都要落实改革任务。习近平要求广大领导干部要"既当改革促进派又当改革实干家，盯住干、马上办"，还说拥护改革、支持改革、敢于担当的就是促进派，把改革抓在手上、落到实处、干出成效的就是实干家。为抓好改革落实，中共中央要求党政一把手带头抓改革，加大了改革组织力度建设，实行改革决策落实督察机制，并启动责任追究，切实推动了改革开放决策的落实。

"人不率则不从，身不先则不信。"决策能否落到实处，领导干部的示范和带头作用至关重要，尤其作为"一线总指挥"的党政主要负责人更具有重要示范作用。习近平指出，党委书记要做抓落实的第一责任人。在地方上，党委书记是领导班子的班长，所处位置最重要。针对改革决策落实问题，在2015年1月30日召开的中央全面深化改革领导小组第九次会议上，习近平明确强调"全面深化改革是全党的一项重要工作，各级党委（党组）都要强化责任担当。党委（党组）书记作为第一责任人，既要亲自抓部署、抓方案、抓协调，又要亲自抓改革方案督办督察，一级抓一级，层层传导责任"。这次会议还指出：地方各级党委要着力抓好有关重要改革部署的具体落实，抓好调查研究、问题反馈、实践创新。在细化落实中央确定的重大改革措施时，要结合实际，因地制宜，一环紧扣一环，一步紧跟一步，盯住干、马上办、改到位。要重点抓提高改革方案质量，坚持问题导向，聚焦体制机制顽疾，敢于突破部门利益的藩篱，多站在党和国家发展大局、全面深化改革大局的立场上谋划改革。

党政主要负责人要扑下身子抓落实。2016年1月11日，习近平主持召开中央全面深化改革领导小组第二十次会议时强调，党委书记作为第一责任人，既要挂帅、又要出征，亲力亲为抓改革。对中央部署的重大改革举措，要结合本地实际实化细化，时时关心，时时跟踪，盯住不放，狠抓落实。2017年2月6日，中央全面深化改革领导小组第三十二次会议又明确要求党政负责人，党中央关于改革的精神要第一时间传达贯彻，党中央部署的改革任务要积极部署落实，党中央提出的重大改革问题要认真研究解决。要在研究改革思路上发挥主导作用，把住重要改革方案的质量关，把党中央要求和地方部门实际结合起来，抓关键问题、抓实质内容、抓管用举措，不做华而不实的表面文章。要把调研贯穿改革全过程，做到重要情况、矛盾问题、群众期盼心中有数，对改革举措成效如何，要刨根问底，掌握实情。

中共十八大后，全面从严治党取得显著成绩。但也有一些官员不能积极担当作为。针对这一现象，习近平要求各级党政负责人要敢于担当、勇于担责。2017 年 2 月 6 日，习近平在中央全面深化改革领导小组第三十二次会议上明确指出，要落实责任，地方和部门一把手要把抓落实的责任扛起来。改革越向纵深推进，遇到的硬骨头越多。看准了的事情，党政主要负责人要敢于拍板、敢于担当，坚定不移干。对一些重大改革，其他层面协调难度大的，要敢于接烫手山芋，加强统筹协调，做好思想政治工作，营造良好氛围。各地区、各部门要发挥全面深化改革领导小组作用，重要改革和重大事项要集体研究、集中部署，各方面改革工作要定期会商、及时通气。

落实艰巨繁重的改革发展任务，仅仅靠喊、靠说不行，必须有一整套的体制机制来保证。习近平高度重视建立改革决策落实机制，从设立中央全面深化改革领导小组到健全落实机制，努力从体制机制上确保改革举措落实。

成立中央全面深化改革领导小组，并明确职责。全面深化改革是一个复杂的系统工程，单靠某一个或某几个部门往往力不从心，需要建立更高层面的领导机制。习近平指出：中央成立全面深化改革领导小组，负责改革总体设计、统筹协调、整体推进、督促落实。这是为了更好发挥党总揽全局、协调各方的领导核心作用，保证改革顺利推进和各项改革任务落实。领导小组的主要职责是：统一部署全国性重大改革，统筹推进各领域改革，协调各方力量形成推进改革合力，加强督促检查，推动全面落实改革目标任务。习近平亲自担任中央全面深化改革领导小组组长，这样有利于加强领导，有利于超越部门利益，更好推进改革落实。中央明确要求，涉及全局的重大改革由中央统一部署，各地区、各部门要按照中央要求推进改革，不要自行其是，更不要一哄而起。各级党委要把全面深化改革摆在更加突出的重要位置，强化领导责任。中央和国家机关、军队等要按照中央统一部署，加强组织领导、切实履行职责，深入研究推进本系统改革的方案、举措、步骤，积极稳妥推进本系统的改革工作。各省区市要成立相应领导机制，按照中央要求，抓好涉及本地区重大改革措施的组织实施。2014 年 12 月 30 日，习近平在中央全面深化改革领导小组第八次会议上明确提出，"中央全面深化改革领导小组要对十八届三中、四中全会重要改革举措进行一体部署、一体落实、一体督办，切实抓好政策统筹、方案统筹、力量统筹、进度统筹。有关单位要抓紧分解任务，明确完成时间，确保改革有序推进、扎实落地"。

中央全面深化改革领导小组下面设有专项小组负责改革任务落实。2014 年 1 月 22 日，中央全面深化改革领导小组第一次会议召开，会议审议通过了《中央全面深化改革领导小组工作规则》《中央全面深化改革领导小组专项小组工作规则》《中央全面深化改革领导小组办公室工作细则》；审议通过了中央全面深化改革领导小组下设经济体制和生态文明体制改革、民主法制领域改革、文化体制改革、社会体制改革、党的建设制度改革、纪律检查体制改革 6 个专项小组名单；审议通过了《中央有关部门贯彻落实党的十八届三中全会〈决定〉重要举措分工方案》；听取了各地区各部门贯彻落实党的十八届三中全会精神进展情况；研究了领导小组近期工作。在会上，习近平指出：
"专项小组、中央改革办、牵头单位和参与单位，要建好工作机制，
做到既各司其职、各负其责又加强协作配合，形成工作合力。一要抓
统筹，既抓住重点也抓好面上，既抓好当前也抓好长远，处理好重大
关系，统筹考虑战略、战役、战斗层面的问题，做好政策统筹、方案
统筹、力量统筹、进度统筹工作。二要抓方案，全面深化改革总体部
署已经有了，要抓紧出台施工方案，按照施工方案推进各项改革举措
落地。三要抓落实，三中全会各项具体改革举措，要有时间表，一项
一项抓落实，以多种形式督促检查，指导和帮助各地区各部门分解任
务、落实责任。四要抓调研，加强对重大改革问题的调研，尽可能多
听一听基层和一线的声音，尽可能多接触第一手材料，做到重要情况
心中有数。要推动各地区各部门加强调研，注重发挥有关专家学者、
研究机构对全面深化改革的调研咨询作用。"这一席话清楚交代了中
央层面专项小组的任务，尤其是抓落实的任务。

为把改革举措落实到位，中央加强了对全面深化改革这一重大决
策落实情况的督察，强调建立督察体制。2015 年 12 月 9 日，中央全
面深化改革领导小组第十九次会议明确提出，要强化督察职能，健
全督察机制，更好发挥督察在打通关节、疏通堵点、提高质量中的作
用。对已经出台的改革方案要排队督察，重点督促检查方案落实、工
作落实、责任落实的情况，发现问题要及时列出清单、明确责任、挂
账整改。要加强对各级干部推进改革情况的了解，加大改革实绩考核
权重，形成鼓励改革、支持改革正确用人导向。

2016 年 7 月 22 日，习近平主持召开中央全面深化改革领导小组
第二十六次会议，会议审议通过了《关于各地区各部门开展改革督察
情况的报告》等。习近平再次强调，改革是一场革命，必须有坚忍不

拔的毅力,以真抓促落实、以实干求实效。各地区各部门要以更大的决心和气力抓好改革督察工作,既要督任务、督进度、督成效,也要察认识、察责任、察作风,确保党中央确定的改革方向不偏离、党中央明确的改革任务不落空,使改革精准对接发展所需、基层所盼、民心所向。为让督察得到落实,习近平指出,当前和今后一个时期,要按照把改革主体框架搭建起来这一阶段性目标,排出督察优先顺序,聚焦重点难点。要抓问题要害,做到眼睛向下、脚步向下,既要发现实施中的共性问题,也要关注群众反映强烈的热点难点问题,找出症结,提出对策。要抓整改落实,督促真抓真改,对改革抓得实、有效果的要表扬,对执行不力、落实不到位的要问责追责。要抓统筹联动,完善督察职能,发挥社会和群众监督作用,做到上下贯通、内外结合。

有权就有责,失职要问责。督察和问责联系在一起,督察后发现改革决策落实不力的给予严格问责。2016 年 1 月至 5 月,海南省海口市工商局、海口市龙华区工商局和海口市保税区工商局按照"先照后证"办理注册登记的药品企业中,有 19 家药品企业的部分经营活动需要取得食品药品监管部门的药品生产或经营许可,而工商部门未按规定履行"双告知"职责,未及时告知食品药品监管部门以上企业注册登记情况。海南省工商局、海口市工商局被责令作出书面检查,并对相关责任人作出处理。2017 年 6 月 15 日,国务院办公厅发布《关于督察问责典型案例的通报》,上述案例被作为典型案例通报全国。该通报要求,各地区、各部门要牢固树立政治意识、大局意识、核心意识、看齐意识,自觉同以习近平同志为核心的中共中央保持高度一致,坚决维护党中央权威,服从党中央的集中统一领导,有令必行、有禁必止。要把确保党和国家方针政策贯彻落实作为重要政治纪律,对党中央、国务院重大决策部署，必须不折不扣坚决贯彻执行，绝不允许阳奉阴违、做选择、搞变通。要建立健全常态化督察机制，严格落实工作责任，层层传导责任压力，以钉钉子精神狠抓工作落实，切实发挥督察抓落实、促发展的"利器"作用，确保党中央、国务院重大决策部署落地生效。要加大督察问责力度，严厉整肃庸政懒政怠政行为。对执行政策不力、工作落实不到位的，坚决纠正，督促整改；对失职渎职、造成严重后果的，严肃追责，绝不迁就。要坚持以奖惩并举促勤政有为，进一步完善督察激励机制和容错纠错机制，广泛调动和激发各方面的积极性主动性创造性，推动形成干事创业、竞相发展的良好局面，促进经济平稳健康发展和社会和谐稳定。

把党建设好建设强

改革开放是前无古人的伟大事业，中国共产党面临改革开放的考验也是长期的。打铁必须自身硬。改革开放40年来，中国共产党特别重视自身建设，坚持进行自我革命、增强自我净化意识，不断提高领导改革开放的本领。尤其是中共十八大以来，坚持党的领导和全面从严治党等都取得重大进展。

党的领导得到加强。坚持党的领导，是党和国家的根本所在、命脉所在，是全党全国各族人民的利益所系、幸福所系。习近平强调，中国共产党的领导是中国特色社会主义最本质的特征，是中国特色社会主义的最大优势；党政军民学，东西南北中，党是领导一切的；坚持党的领导，首先是坚持党中央的集中统一领导。近年来，中共中央的权威显著增强，各级党组织、广大党员的政治意识、大局意识、核心意识、看齐意识明显增强，中央决策的落实力度明显加大，中央集中统一领导得到有效保证，党的凝聚力、战斗力和领导力、号召力大大增强。

勇于自我革命，从严管党治党，是中国共产党最鲜明的品格。中共十八大以来，习近平从巩固党的执政地位的高度强调把抓好党建作为最大的政绩，全面从严治党取得重大突破。在党建新理念指导下，形成了坚持全面从严、问题导向、人民立场、目标清晰、思想建党和制度治党紧密结合的党建新路径。有了新理念、新思路，就会有新实践。近年来，习近平强调坚守共产党人的精神追求，强调理想信念是共产党人精神上的"钙"，要不断补"钙"壮骨、强身健体；紧紧抓住保持党同人民群众的血肉联系这个作风建设的核心问题，通过颁布执行中央八项规定、在全党开展党的群众路线教育实践活动、在县处级以上领导干部中开展"三严三实"专题教育、在全体党员中开展"两学一做"学习教育，着力密切党群关系，取得明显成绩；紧紧依靠制度治党、管权、治吏，制度笼子越扎越密；坚持用铁的纪律维护党的团结统一，突出强调政治纪律是最重要、最根本、最关键的纪律，全党的纪律意识大大增强；着力解决人民群众反映最强烈、对党的执政基础威胁最大的突出问题，坚持反腐败零容忍全覆盖，打"虎"拍"蝇"猎"狐"毫不含糊，形成了反腐败斗争压倒性态势；强调严肃党内政治生活，净化党内政治生态，建设优良党内政治文化；强调落实主体责任、完善监督体系，探索建立容错纠错机制，充分调动广大党员干部的积极性、主动性、创造性。近年来，党内政治生活气象更新，全党理想信念更加坚定、党性更加坚强，党自我净化、自我完善、自我革新、自我提高能力显著提高，党的执政基础和群众基础更加巩固，为党和国家各项事业发展提供了坚强政治保证。

进入新时代，面临改革攻坚新挑战，推动构建全面开放新格局，必须坚持和加强党的领导，继续进行自我革命，把党建设得更加坚强有力。为此，中共十九大亮明了打铁必须自身硬的总态度、明确了全面从严治党永远在路上的总基调，提出了新时代党的建设总要求。这一总要求是未来一段时期内党的建设的纲领，为新时代推进党的建设新的伟大工程，继续推进党的自我革命指明了前进路径和努力方向。对此必须准确把握，更要做好以下 8 个方面工作：

第一，做到"两个坚持"，即"坚持和加强党的全面领导，坚持党要管党、全面从严治党"。党政军民学、东西南北中，党是领导一切的，必须坚持和加强党的领导。这要求我们要把党管好治好，管好治好就必须全面从严。

第二，突出党建主线。这条主线的关键词是长期执政能力、先进性、纯洁性。与中共十八大报告不同的是，主线部分增加了长期执政能力。提高执政水平和领导能力是加强党的建设的主要目的，也是贯穿于党的建设全过程的。作为无产阶级政党，必须时刻保持先进性和纯洁性，这是党生存壮大的自然要求，也是党的自身性质所决定的。

第三，以党的政治建设为统领，实际上是明确了党的政治建设在党的建设中的地位即党的根本性建设。党的政治建设决定党的建设方向和效果。"加强党的政治建设"这个观点在中共党代会报告中是第一次提出，是习近平对党建理论的丰富发展。以党的政治建设为统领，就是要坚决维护习近平在中央和全党的核心地位，坚决维护党中央权威和集中统一领导；就是要全党坚定执行党的政治路线、严格遵守政治纪律和政治规矩，在政治立场、政治方向、政治原则、政治道路上同党中央保持高度一致；就是要健康开展党内政治生活、营造风清气正的政治生态；就是要坚持和健全民主集中制；就是要反对宗派主义、圈子文化、码头文化；就是要全党特别是高级干部加强党性锻炼，把对党忠诚、为党分忧、为党尽职、为民造福作为根本政治担当，永葆共产党人政治本色。

第四，打牢坚定理想信念宗旨这个根基。中国共产党的宗旨是全心全意为人民服务。习近平多次强调理想信念是共产党人精神上的"钙"，是共产党人经受得住任何考验的精神支柱。打牢理想信念宗旨这个根基，就需要把理想信念建设作为党的思想建设的首要任务；就要通过多种方式教育全党牢记宗旨、拧紧"总开关"；就要在推进"两学一做"制度化常态化的同时开展"不忘初心、牢记使命"主题教育。

第五，以调动全党积极性、主动性和创造性为着力点。新时代攻坚克难完成新任务，全党的积极性、主动性至关重要。我们要从健全体制机制入手，抓紧建立容错纠错机制，加强正向激励制度建设，倡导严管就是厚爱的管理理念，旗帜鲜明为那些敢于担当、踏实做事、不谋私利的干部撑腰鼓劲，主动为基层干部排忧解难，引导广大干部积极投身于党和国家的事业中来。中国正处在爬坡登顶的关键阶段，开创新局面赢得新优势不断推进伟大事业，必须调动全党的创造性。增强创造性就是增强我们党与时俱进、因时而变、因事而变采取正确应对方针政策的能力。

第六，全面推进党的建设，牢牢把握党的建设"总体布局"。习近平强调把抓好党建作为最大的政绩，全面开创了党的建设新局面。所谓全面推进党的建设包括党的政治建设、思想建设、组织建设、作风建设、纪律建设、制度建设和反腐败斗争。在这个"全面"中，政治建设是根本性建设，思想建设是基础性建设，制度建设要贯穿政治建设、思想建设、组织建设、作风建设和纪律建设全过程。反腐败压倒性态势虽已形成，反腐败形势依然严峻复杂，还要深入推进反腐败斗争，夺取反腐败压倒性胜利。

第七，不断提高党的建设质量。质量关乎生命。中国共产党一直重视党的建设质量。不断提高党的建设质量，就要加强组织建设，注重专业能力、专业精神，不断提高干部队伍质量，建设高素质专业化队伍；就要加强基层组织建设，着力解决一些基层党组织弱化、虚化、边缘化问题，提高基层党组织的建设质量；就是要建立健全监督体制，建立国家、省、市、县监察委员会，制定国家监察法，构建由党指挥、全面覆盖、权威高效的监督体系，形成监督合力，提升监督质量。

第八，牢牢扭住一个总目标，即把党建设成为始终走在时代前列、人民衷心拥护、勇于自我革命、经得起各种风浪考验、朝气蓬勃的马克思主义执政党。一是要明确党信"马"、姓"共"；二是党要真正具有战略思维、前瞻思维，站在时代前列，引领时代潮流；三是通过真正坚持以人民为中心、以扎实的执政绩效、不断增强群众获得感，来赢得群众爱戴与拥护；四是勇于自我革命，通过增强自我净化、自我完善、自我革新、自我提高能力，不断纯洁党的肌体，确保党的先进性、纯洁性；五是经得起风浪考验和朝气蓬勃，这就需要我们党时刻保持政治定力和战略定力，坚持从自身实际出发，绝不犯颠覆性错误，同时又坚持与时俱进、不断吸纳新的养分，保持生机活力。

把党建设好建设强，关键在于提高党的执政本领，尤其是提高党领导改革开放的本领。中国共产党历来重视增强本领。早在1939年，毛泽东就提醒全党，"我们队伍里边有一种恐慌，不是经济恐慌，也不是政治恐慌，而是本领恐慌"。改革开放以来，中国共产党坚持不懈地加强执政能力建设，执政本领不断增强，带领全国人民取得了辉煌的成绩。进入新时代，世界正面临百年未有之变局，国内外环境发生深刻变化，党面对的矛盾和问题复杂多变，这些都对党的长期执政能力和领导水平提出更高要求。习近平指出，我们要适应党和国家工作的新进展，努力增强各方面本领，包括学习本领、政治领导本领、改革创新本领、科学发展本领、依法执政本领、群众工作本领、狠抓落实本领、驾驭风险本领。

不断提高党领导改革开放的本领，首先，要培育一大批具有改革精神的干部队伍。改革开放能否推进关键在党、关键在人。所谓关键在人，就是要有大批干事创业的干部。邓小平早在改革开放初期就提出要培育一批敢想敢闯敢干的闯将，20世纪90年代又提出"不能像小脚女人一样"，看准了的，要大胆地试、大胆地闯。进入新时代，习近平多次提出改革要敢想敢干、敢闯敢试。其次，完善促进改革开放激励机制。中国改革开放成功的重要原因在于搞对了激励机制。提高改革开放本领，必须在完善激励体制机制上下功夫，让那些愿意改革的干部们抛弃畏难情绪、打掉畏险心理，真正地让那些闯将真敢闯、敢干，不能既流汗还流泪。2018年5月，中共中央办公厅印发《关于进一步激励广大干部新时代新担当新作为的意见》，向广大干部发出了担当干事、奋发作为的动员令。最后，提高改革开放本领关键看实践。本领高低的检验标准是实践。党员干部要积极投身于改革开放的伟大实践，在实践中磨炼，在实践中总结，在实践中提高。正如邓小平所说："我们改革开放的成功，不是靠本本，而是靠实践，靠实事求是。"

后 记

　　中国 40 年的改革开放，取得了巨大成功。在中国共产党史、中华人民共和国史，以至整个中国历史和世界历史上，都是值得大书特书的华章。改革开放为什么成功？有哪些原因和经验？这是很值得探究的课题。我们力求做一初步的回顾和解读。

　　本书是集体研究的成果。由谢春涛主编，参与写作的有张太原、李庆刚、沈传亮、宋学勤、韩晓青、郭兆晖、董洁、王毅、聂文婷、齐小林、吴文珑等，沈传亮协助主编做了较多的组织和统稿工作。

谢春涛

2018 年 11 月

责任编辑：吴继平　吴广庆

装帧设计：周方亚

责任校对：苏小昭

图书在版编目（CIP）数据

改革开放为什么成功？ / 谢春涛 主编 . — 北京：人民出版社，2018.12

ISBN 978 - 7 - 01 - 020165 - 8

I. ①改…　II. ①谢…　III. ①改革开放 - 研究 - 中国　IV. ① D61

中国版本图书馆 CIP 数据核字（2018）第 275858 号

改革开放为什么成功？

GAIGEKAIFANG WEISHENME CHENGGONG

谢春涛　主编

人民出版社 出版发行

（100706　北京市东城区隆福寺街 99 号）

北京新华印刷有限公司印刷　新华书店经销

2018 年 12 月第 1 版　2018 年 12 月北京第 1 次印刷

开本：710 毫米 × 1000 毫米 1/16　印张：14.75

字数：168 千字　印数：00,001-10,000 册

ISBN 978 - 7 - 01 - 020165 - 8　定价：39.80 元

邮购地址 100706　北京市东城区隆福寺街 99 号

人民东方图书销售中心　电话（010）65250042　65289539